Beltz Taschenbuch 108

Über dieses Buch:

Das größte Problem für Lehrerinnen und Lehrer ist gewöhnlich nicht das Unterrichten der eigenen Fächer, sondern der Umgang mit der Klasse. Zugleich ist dies aber die Aufgabe, auf die in der Lehrerausbildung am wenigsten vorbereitet wird. So bleibt denn auch der Umgang mit »Störungen« weitgehend dem persönlichen Temperament und Gutdünken der jeweiligen Lehrkraft überlassen und wird viel zu wenig von professionellen Kenntnissen und Fertigkeiten bestimmt.

Das Buch behandelt sowohl die Prävention von Störungen als auch den Umgang mit bereits eingetretenen Konflikten. Es stützt sich dabei auf Forschungen im Klassenzimmer und Konzepte, die in der Klasse erprobt wurden. Viele Erkenntnisse und Strategien, obwohl gut fundiert und überaus nützlich, sind in Pädagogenkreisen kaum bekannt geworden. Und offensichtlich ist es auch nicht leicht zu durchschauen, welches Lehrerverhalten für die »Disziplin« besonders bedeutsam ist. Jedenfalls ist es nicht eine Frage der »Disziplinierung«, sondern des pädagogischen Geschicks – und dieses ist, zumindest teilweise, ein erlernbares Handwerk.

Das Anliegen des Buches ist nicht die Propagierung eines bestimmten, allein selig machenden Unterrichtsstils, sondern die Erweiterung des individuellen Handlungsspielraums für den Umgang mit der Klasse.

Für diese 6., vollständig überarbeitete Neuausgabe wurden alle Kapitel des Buches inhaltlich angereichert, aktuelle Literatur wurde aufgenommen und die vorgestellten Präventions- und Interventionsstrategien wurden jeweils mit einer zusammenfassenden Übersichtstafel versehen.

Der Autor:

Dr. Hans-Peter Nolting lehrt Pädagogische Psychologie an der Universität Göttingen und ist dort mit der Lehrerausbildung betraut. Im Beltz Verlag erschien von ihm (zusammen mit Peter Paulus) das Buch »Psychologie lernen – Eine Einführung und Anleitung«.

Hans-Peter Nolting

Störungen in der Schulklasse

Ein Leitfaden zur Vorbeugung und
Konfliktlösung

Beltz Taschenbuch 108
9. Auflage 2011

www.beltz.de

© 2002 Beltz Verlag, Weinheim und Basel
Umschlaggestaltung: Federico Luci, Odenthal
Umschlagabbildung: Getty Images, Deutschland
Satz: WMTP GmbH, Birkenau
Druck und Bindung: Beltz Druckpartner, Hemsbach
Printed in Germany

ISBN 978-3-407-22108-7

Inhalt

Vorwort 9

Kapitel 1
Einführung 11

Ein folgenreiches Problem 11

Allerlei Gründe – und Vereinfachungen 16

Ein Buch über Lehrerverhalten, nicht Schülerverhalten 21

Kapitel 2
Störungsprävention:
Strategien für die alltägliche Klassenführung 25

Was hilft gegen Disziplinprobleme?
Eine Umfrage unter Lehrkräften 26

Worauf kommt es tatsächlich an?
Jacob Kounins unerwartete Befunde 29
    Die Suche nach effektiven Ermahnungen *30* Die Wende:
    Präventives Verhalten *32* Weitere Forschungen *37*
    Rückblick auf populäre Täuschungen *39* Ausblick auf
    effektive Praxis *41*

Vorausplanende Prävention: Regeln und Organisation 43
    Die Einführung von Regeln *45* Eigene Regeln wirklich ernst
    nehmen *49* Gute Organisation *50*

Prävention durch breite Aktivierung 52
Anregende Darbietung *54* Rund ums Frageverhalten *56*
Zu Stillarbeit und Gruppenarbeit *59* Positive
Rückmeldungen *62*

Prävention durch Unterrichts»fluss« 65
Wartezeiten vermeiden *66* Eigene »Störungen«
unterlassen *68*

Prävention durch Präsenz- und Stoppsignale 70
Nonverbale Signale *71* Verbale Signale *73*

Kapitel 3
Intervention bei Konflikten I:
Lehrerzentrierte Strategien 77

Reaktionen im akuten Konflikt 78
Grundmuster für viele Situationen *79* Übungen zur
Konfliktanalyse nach Becker *81* Akutreaktionen sind
nicht immer Konfliktlösungen *85*

Maßnahmen gegenüber der Klasse 89
Regeln klarstellen *89* Anreize für die Klasse *90*
Fallbeispiele *92*

Maßnahmen gegenüber Einzelnen 96
Anreize für Einzelne *96* Einzelgespräche *101*

Nach Bedarf: Hilfen für die Problemdiagnose 108
Problembeschreibung *109* Gezielte Beobachtung *111*
Selbstreflexion *113* Perspektivenwechsel *114*
Befragung *115*

Kapitel 4
Intervention bei Konflikten II:
Kooperative Strategien

Kooperative Strategien 118

Das konstruktive Konfliktgespräch nach Gordon 119
Elemente und Phasen des Gesprächs *120*
Fallbeispiel: Unruhe *121*

Kooperative Verhaltensänderung nach Redlich & Schley:
Konfliktlösung als Klassenprojekt 124
Gemeinsam klären, planen, verändern *125* Fallbeispiel:
Mangelnde Beteiligung, Unruhe und Zwischenrufe *126*
Typische Elemente des Verfahrens *136* Fallbeispiel: Fehlende
Hausaufgaben *137* Weitere Fallbeispiele *141*

Aggressionsverminderung auf drei Ebenen:
Schule – Klasse – Individuum 144
Zum Problem *144* Zur Prävention und Intervention *146*
Maßnahmen auf den drei Ebenen *148*

Literatur 157
Personenregister.. 162
Sachregister 164

Vorwort

Dieses Buch entstand aus einer wiederkehrenden Verlegenheit: Studierende fragen mich nach einem Buch über Disziplinprobleme und Konfliktbewältigung im Unterricht und sie bekommen von mir eine »unhandliche« Antwort. Statt eines Buches nenne ich ihnen gleich vier, fünf Werke, die meines Erachtens erst zusammengenommen ein einigermaßen abgerundetes Bild ergeben. So konzentrieren sich manche Bücher auf die Regelung von Konflikten mit der Klasse, andere auf den Umgang mit einzelnen »schwierigen« Schülern und wieder andere auf die Prävention von Unruhe, Unaufmerksamkeit und ähnlichen Problemen. Überdies sind viele interessante Werke insofern »einseitig«, als sie lediglich ihr eigenes Konzept vorstellen.

Ein weiterer Grund für das vorliegende Buch ist ganz praktischer Art: Einige Publikationen, die ich als besonders fundiert und hilfreich empfinde, sind bereits vergriffen, nur noch in Hochschulbibliotheken oder nur auf Englisch erhältlich. Mit »fundiert« meine ich dabei übrigens, dass sie sich auf empirische Forschungen oder praktische Erprobungen stützen (was in der Literatur zu diesem Problemkreis leider nicht selbstverständlich ist).

Solche Konzepte aufzugreifen und – in der Größenordnung eines »Leitfadens« – einen Querschnitt durch ein halbwegs breites Spektrum von Problemstellungen und Strategien zu geben, ist das Anliegen dieses Buches.

Zur 6. Auflage

Alle Kapitel des Buches wurden inhaltlich angereichert, aktuelle Literatur wurde aufgenommen, und die vorgestellten Präventions- und Interventionsstrategien wurden am Schluss jeweils mit einer zusammenfassenden Übersichtstafel versehen. Am stärksten erweitert wurde Kapitel 3 (Lehrerzentrierte Intervention): Hier kommen Maßnahmen gegenüber einzelnen schwierigen Schüler/innen ausführlicher zur Sprache als bisher und bilden nun einen eigenen Kapitelabschnitt. Insgesamt ist der Buchtext um etwa fünfzehn Prozent gewachsen.

Ich danke allen, die zu diesem Buch Anregungen und kritische Anmerkungen beigetragen haben.

Hans-Peter Nolting   *Göttingen, im Juni 2007*

Kapitel 1
Einführung

Wissen Sie, was Jacob Kounin über die Verhinderung von Disziplinschwierigkeiten herausgefunden hat? Kennen Sie die »Kooperative Verhaltensmodifikation im Unterricht« von Alexander Redlich und Wilfried Schley? Vielleicht haben Sie davon gehört, aber wahrscheinlich ist das nicht. Denn obwohl Abertausende von Lehrkräften mit Disziplinproblemen und ungelösten Konflikten zu kämpfen haben, sind viele nützliche Forschungsergebnisse und erprobte Handlungskonzepte in Pädagogenkreisen weitgehend unbekannt geblieben. Das ist der Grund für dieses Buch.

Ein folgenreiches Problem

Eine Klasse zu führen, ist für Lehrerinnen und Lehrer in der Regel die schwierigste Aufgabe – und zugleich die, auf die sie am wenigsten vorbereitet werden. Kaum eine Lehrkraft klagt über die eigenen Fachgebiete; kaum jemand findet Englisch oder Biologie zu schwierig. Sie zu vermitttln vielleicht schon eher. Aber das größte Problem ist gewöhnlich der Umgang mit einer ganzen Klasse. In der Ausbildung werden die meisten Stunden jedoch den Unterrichtsinhalten gewidmet, während deren Vermittlung, vor allem aber die *Klassenführung* (wie das englische *classroom management* oft übersetzt wird) hierzulande eine erstaunlich geringe Rolle spielen.

So bleibt auch der Umgang mit »Störungen« in der Praxis weitgehend dem persönlichen Temperament und Gutdünken der jeweiligen Lehrkraft überlassen und wird viel zu wenig von professionellen Kenntnissen und Fertigkeiten bestimmt. Bei Medizinern kann eine Behandlung als »Kunstfehler« gelten, wenn sie nicht dem Stand der Wissenschaft entspricht. Im Umgang mit der Schulklasse spielt die Wissenschaft als neutrale Instanz kaum eine Rolle. Man beruft sich selten auf pädagogische und psychologische Forschung, sondern auf persönliche »Erfahrungen« und »Ansichten«.

Was ist mit »Störungen« in der Schulklasse gemeint? Es ist vor allem an drei Typen zu denken: an aktive Unterrichtsstörungen, an passive Unterrichtsstörungen und an Störungen der Schüler-Schüler-Interaktion. Zunächst zu den Unterrichtsstörungen:

(1) *Aktive Unterrichtsstörungen:* Besonders auffällig und lästig sind sicherlich jene Schüleraktivitäten, die den Eindruck von »Unruhe« und »Unaufmerksamkeit« erzeugen und auch als »Disziplinprobleme« bezeichnet werden: Erst nach minutenlanger Unruhe kann der Unterricht beginnen, die Schüler/innen führen Privatgespräche (sie »schwatzen«), sie melden sich zu laut, sie brüllen ohne Meldung in den Raum, sie laufen herum, sie begleiten Beiträge mit Gelächter und sie erzeugen manchmal einen Lärm, der weit in den Schulflur hinausschallt.

(2) *Passive Unterrichtstörungen:* Sie bestehen nicht in einem Übermaß an unerwünschten Aktivitäten, sondern im einem Mangel an erwünschten Aktivitäten: Die Mitarbeit ist schlecht, die Beteiligung an Unterrichtsgesprächen ist »lahm« und immer wieder werden Hausaufgaben nicht gemacht. In diesem Fall spricht man vielleicht seltener von einer »Unterrichtsstörung«, aber »gestört« ist das Lernen und Lehren in der Klasse durchaus.

Der Übergang zwischen »normalem« und »störendem« Verhalten im Unterricht ist sicherlich fließend und die Grenzziehung zum Teil auch subjektiv. Doch lassen sich durchaus Kriterien für die Definition von Unterrichtsstörungen nennen, und zwar normative und funktionale:

- *Normative* Definition: Unterrichtsstörungen sind Handlungen von Schülern, die gegen *Regeln* für das Verhalten im Unterricht verstoßen. Ob eine Störung vorliegt oder nicht, hängt hier letztlich von der Lehrkraft ab; sie bestimmt die Regeln und bewertet das Verhalten. Was Lehrer X als »unruhig« bezeichnet, nennt seine Kollegin Y vielleicht »lebhaft«.

- *Funktionale* Definition: Unterrichtsstörungen sind Handlungen, welche die von einer Lehrkraft beabsichtigte Unterrichtsdurchführung *behindern*, und zwar (a) indem sie *andere* Personen, nämlich die Lehrkraft oder die Mitschüler, in ihren aufgabenbezogenen Aktivitäten beeinträchtigen, und/oder (b) indem sie die *eigene* aufgabenbezogene Aufmerksamkeit und Mitarbeit beeinträchtigen.

Gewöhnlich werden konkrete Vorkommnisse sowohl normativ wie auch funktional übereinstimmend als Unterrichtsstörung gelten. Aber Divergenzen sind möglich. So mag eine Lehrkraft etwas als regelwidrig ansehen, was der Unterrichtsrealisierung faktisch nicht schadet (z. B. dem Nachbarn leise die Aufgabenstellung erklären). Umgekehrt können Verhaltensweisen, die gegen keine Regel verstoßen, durchaus behindernd wirken, und zwar nicht nur *Schüler*aktivitäten (z. B. lange unpassende Beiträge), sondern ebenso Handlungen der *Lehrkraft* (z. B. Unterbrechung des Unterrichts für langatmige Ermahnungen)! Zwar ist es unüblich, Lehrerhandlungen als Unterrichtsstörung zu bezeichnen, aber nach funktionalen Kriterien wäre dies manchmal durchaus berechtigt.

(3) Der dritte Typ umfasst *Störungen der Schüler-Schüler-Interaktion*: Es gibt beispielsweise Feindseligkeiten zwischen Mädchen und Jungen oder zwischen anderen Gruppen einer Klasse; oder es werden einzelne Schüler/innen wiederholt angegriffen

oder ausgegrenzt (Mobbing, Außenseiterprobleme etc.). Solche
Probleme des Umgangs der Schüler/innen untereinander zählen
nicht direkt zu *Unterrichts*störungen, sie sind aber Störungen in
der *Schulklasse* bzw. der Schule und können zuweilen auch in
den Unterricht hineinwirken.

Könnte man in all diesen Fällen statt von »Störung« auch von
»Konflikt« sprechen? Im Wesentlichen ja. Ein »Konflikt« wird
in der Psychologie verstanden als das Aufeinandertreffen unver-
einbarer Wünsche und Verhaltenstendenzen, sei es innerhalb eines Menschen (*intra*personaler Konflikt) oder zwischen verschiedenen Menschen (*inter*personaler Konflikt). Empfindet
eine Lehrkraft z. B. lautes Rufen oder mangelnde Mitarbeit als
»Störung«, so liegt insofern ein (interpersonaler) »Konflikt« vor,
als das Schülerverhalten den eigenen Bestrebungen zuwider-
läuft. Eine Unterrichtsstörung wäre somit auch ein Unterrichts-
konflikt.

Allerdings *kann* man auch beides unterscheiden und den Begriff der Störung auf die Oberfläche, auf die Verhaltensebene
beziehen, den Begriff des Konfliktes hingegen auf die »tieferen«
zugrunde liegenden Motivationen (wie etwa divergierende Interessen, persönliche Antipathien oder das versteckte Ringen um
Macht). Diese »tieferen« Konflikte werden von den Betroffenen
nicht immer direkt erlebt und kommen vielleicht erst durch eine intensive Problemdiagnose zu Tage.

Nicht zulässig ist es, einen »Konflikt« mit einem aggressiven
Zusammenstoß gleichzusetzen. Man muss klar unterscheiden
zwischen dem *Konflikt selbst* (also dem Widerstreit der Bestrebungen) und dem *Konfliktverhalten*. So kann bei demselben
Konflikt das Verhalten der Beteiligten, also der Umgang mit
dem Konflikt, sehr unterschiedlich aussehen: nicht nur aggressiv, sondern auch meidend oder konstruktiv.

Nach diesen begrifflichen Erläuterungen nun zur Frage, *welche Folgen* Störungen in der Schulklasse für die Lehrenden und

Lernenden haben. Das ist sicher von Fall zu Fall unterschiedlich, aber klar ist: Die Folgen können durchaus schwerwiegend sein.

- Da ist zunächst einmal die *emotionale Belastung*. Manche Lehrkräfte haben das Gefühl, ständig »gegen« die Klasse zu unterrichten. Sie fühlen sich überanstrengt, entmutigt und schließlich vielleicht »ausgebrannt« (»Burnout-Syndrom«). Die Gründe dafür haben selten mit den Unterrichtsfächern zu tun, besonders häufig hingegen mit dem Schülerverhalten, insbesondere mit Motivations- und Disziplinproblemen (vgl. Ulich 1996, Helmke 2003, Ksienzyk & Schaarschmidt 2004).

- Eine andere mögliche Folge: *Aggressives Verhalten von Lehrkräften* gegen die Schüler/innen. Von Aggression und Gewalt durch Schüler/innen ist viel die Rede, von dem oftmals herabsetzenden, demütigenden und ungerechten Verhalten mancher Lehrkräfte viel seltener (vgl. Krumm & Weiß 2000). Unterrichtsstörungen können Anlässe für aggressives, zumindest ruppiges Lehrerverhalten bieten und das Klassenklima beeinträchtigen.

- Nicht zuletzt: Der *Unterrichtserfolg* hängt entscheidend davon ab, wie lange und wie intensiv sich die Schüler/innen mit den Lernaufgaben beschäftigen, wie groß also der Anteil der »aktiven Lernzeit« im Unterricht ist (Helmke & Weinert 1997, S. 135). Die Klassenführung ist daher nach empirischen Forschungen ein hoch bedeutsamer, wenn nicht gar der bedeutsamste Faktor des Unterrichtserfolges (Good & Brophy 1986, Wang et al. 1993). Es ist klar, dass durch Unterrichtsstörungen viel *Lernzeit verloren geht*.

Eine Nebenbemerkung zu diesem letzten Punkt: Während von den offiziell *ausgefallenen* Unterrichtsstunden oft die Rede ist und selbst drei Prozent Stundenausfall zum Politikum werden können, wird über die inoffiziell ausgefallene Lernzeit in den *ge-*

haltenen Unterrichtsstunden kaum geklagt. Dabei dürfte die quantitativ viel stärker ins Gewicht fallen!

Zusammengenommen gibt es also genügend Gründe, das ewige Problem der Unterrichtsstörungen nicht nur als lästige Begleiterscheinung von Unterricht anzusehen, sondern es so ernst zu nehmen wie den Lehrstoff selbst.

Allerlei Gründe – und Vereinfachungen

Für Störungen in der Schulklasse sind schon alle möglichen Gründe genannt worden, darunter auch die üblichen Verdächtigen wie beispielsweise »die Wohlstandsgesellschaft«, »die Reizüberflutung«, »das Fernsehen«, »der Stress« der heutigen Zeit u. a. m.

Unter den Erklärungen, die direkt mit der Schule zu tun haben, lassen sich vor allem drei Blickrichtungen unterscheiden:

- auf die Schule als Institution,
- auf die Schüler (Einzelne, Zusammensetzung der Klasse),
- auf die Lehrer.

Von diesen drei Ansätzen ist der *institutionelle* der allgemeinste. Er besagt: Die Schule produziert Störungen aufgrund ihrer eigenen Defizite und Zwänge. Grundlegende Konflikte sind durch die Eigenschaften dieser Institution bedingt und daher auch nicht gänzlich zu vermeiden.

Diese Sichtweise ist meines Erachtens nicht pauschal abzuweisen. In der Tat liegen Konflikte in der Natur der Institution Schule und sind insofern ein fester Bestandteil des Lehrerberufes. Wie oben definiert (s. S. 14), liegt ein Konflikt vor, wenn unvereinbare Verhaltenstendenzen aufeinander treffen, und genau das ist in der Schule in gewissem Grade unvermeidlich. Die Absichten der Lehrkräfte *können* nicht immer mit denen aller Schüler/innen übereinstimmen. Selbst lernbegierige Schüler/innen sind nicht immer mit der Art des Unterrichts einverstanden. Und selbstverständlich haben immer einige Schüler keine Neigung, das zu tun, was von ihnen verlangt wird. Schließlich haben sie sich nicht aus freien Stücken entschieden, in der Schule zu sitzen und dieses und jenes zu lernen. Die Schulpflicht ist den Kindern vorgegeben und die Schule bestimmt das Programm. Der Wunsch, sich dem aufgezwungenen Programm zu entziehen und andere, »unterrichtsfremde« Dinge zu tun, ist also in der Schulsituation angelegt. Die Frage ist nur, *in welchem Maße* der von den Lehrkräften beabsichtigte Unterricht dadurch beeinträchtigt wird.

Eben hierin gibt es offensichtlich große Unterschiede zwischen Schulen und vor allem innerhalb von Schulen! Insofern ist die institutionelle Erklärung höchst unzureichend. Die Institution setzt zwar Rahmenbedingungen, aber mit diesen allein lässt sich nicht erklären, wieso man je nach Schule, Klasse und Unterrichtsstunde ganz unterschiedliche Störungsraten antrifft, vom völlig disziplinierten Arbeiten bis zu chaotischen Zuständen.

Hier liegt es nun nahe, nach den *Personen* innerhalb der Schule zu fragen: Wie weit hängt das Ausmaß der Störungen mit den Schüler/innen und wie weit mit den Lehrkräften zusammen?

Da es die *Schüler/innen* sind, die »stören«, liegt es nahe, mit ihnen auch die jeweilige Störungsrate zu erklären – mit Einzelnen oder mit der Zusammensetzung der Klasse. Einzelne treten fast überall hervor. Das Stichwort »Störungen« lässt an »Störer« denken, und die haben meist auch einen Namen: Nils und Axel in der 6a, Mario und Nina in der 3b usw. Nicht selten läuft diese individuelle Sichtweise darauf hinaus, die *Unterrichts*störungen durch *psychische* Störungen der einzelnen Schüler/innen zu erklären (z. B. Winkel 1996).

Dass Unterrichtsstörungen in der Tat in gewissem Grade ein individuelles Problem sind, zeigt sich darin, dass manche Schüler/innen häufig stören und andere fast nie. Gelegentlich gibt es ausgesprochen schwierige Kinder und Jugendliche, die von allen Lehrkräften als Problem empfunden werden und an denen sich auch zehn Therapeuten die Zähne ausbeißen würden.

Dennoch wäre es eine grobe Vereinfachung, Störungen mit Störern gleichzusetzen und sich vorzustellen, dass es ohne die Störer keine Störungen gäbe. Wir Menschen neigen dazu, auffälliges Verhalten ganz oder vorwiegend aus der Person heraus zu erklären und den jeweiligen Kontext zu vernachlässigen (Ross & Nisbett 1991). Der Kontext umfasst verschiedene situative und interpersonale Einflüsse auf den Einzelnen. Im Schulunterrricht sind dies unter anderem das jeweilige Fach, die jeweilige Unterrichtsform, das Verhalten von Mitschülern und das Verhalten der Lehrkraft. Dieselben Schüler/innen würden möglicherweise in einer anderen Klasse weit weniger stören, weil dort jene Mitschüler/innen fehlen, mit denen sie gewöhnlich bei ihrem Störverhalten zusammenwirken. Und dieselben Schüler/innen werden möglicherweise von der Kollegin Y in ihrem Unterricht kaum als Problem empfunden. Dies zeigt, dass das Verhalten nicht nur personal, sondern auch interpersonal betrachtet werden muss.

Doch nicht nur wegen eines ungünstigen Zusammenwirkens liegt es nahe, über Einzelne hinaus in der *Zusammensetzung* der Klasse ein Problem zu sehen. Denn eine hohe Störungsrate könnte doch dadurch entstehen, dass in der Klasse viele Schüler/innen schwache Lernvoraussetzungen und geringe soziale Kompetenz mitbringen. Dies ist vor allem dann zu vermuten, wenn Schulen in einem sozial schwachen Einzugsgebiet liegen. Hier geht die schülerbezogene Sichtweise teilweise in eine gesellschaftliche über. Danach muss aufgrund der sozialen Benachteiligung ein Teil der Schüler/innen an den Anforderungen der Schule scheitern und drückt dies dann möglicherweise durch Protest und Verweigerung aus.

So offenkundig solche Probleme sind, so ist auch hier vor Vereinfachungen zu warnen. Denn sozial-strukturelle Erklärungen übersehen wiederum die großen individuellen Unterschiede zwischen den Schüler/innen – auch zwischen solchen aus soziologisch ähnlichem Milieu. Sie übersehen ferner, dass auch Schulen in ähnlichem Einzugsgebiet sich bezüglich der »Störungen« zuweilen erheblich unterscheiden (vgl. Rutter et al. 1980) und dass Schulentwicklungsprojekte durchaus etwas ändern können. Und: Sie übersehen, dass die einzelnen Lehrkräfte recht unterschiedlich mit denselben schwierigen Bedingungen zurechtkommen.

Damit stellt sich also die Frage nach dem Einfluss des jeweiligen *Lehrerverhaltens*. Dass dies ein bedeutsamer Faktor sein muss, kann sich jeder schon durch eine Erinnerung an die eigene Schulzeit klarmachen: War die »Disziplin« in der Klasse – in derselben Klasse! – nicht sehr unterschiedlich, je nachdem, wer gerade unterrichtete? Natürlich war sie das, und so ist es immer noch.

Welches Gewicht das Lehrerverhalten im Vergleich zur Zusammensetzung der Klasse hat, untersuchten Helmke & Renkl (1993) in einer vier Jahre dauernden Längsschnittsuntersuchung an Grundschulklassen, und sie kamen zu einem eindeutigen Befund: Von den erhobenen Schüler- bzw. Klassenmerkmalen spielte lediglich der Anteil der Schüler/innen mit Deutsch als Fremdsprache eine gewisse Rolle, während das kognitive Eingangsniveau, die kognitive Unterschiedlichkeit, die Geschlechterverteilung und die Klassengröße keine Rolle spielten. Im überwältigenden Maß hing das aufmerksame, aufgabenbezogene Verhalten hingegen von der Klassenführung der Lehrkraft ab.

Fazit: An allen genannten Erklärungen ist sicher etwas dran. Aber der Faktor Lehrerverhalten steht ganz vorne. Erklärungen

mit institutionsimmanenten Konflikten sowie mit Problem-
schülern und ihrem sozialen Hintergrund gehen an der Tatsache
vorbei, dass die Störungsraten je nach Lehrkraft außerordent-
lich unterschiedlich sind. Auch versperren diese Sichtweisen
den Blick für die *Handlungsmöglichkeiten*. Zu fragen ist also:

- Warum ist die Disziplin bei Lehrer A so anders als bei Lehrer
  B – und zwar in derselben Klasse mit denselben Schülern?
- Warum werden in manchen Klassen Lehrer-Schüler-Konflikte
  zu einem Dauerproblem, während bei anderen Lehrkräften
  ähnliche Konflikte zügig gelöst werden und sich die Stimmung schnell wieder aufhellt?

Diese Fragen sollen das Augenmerk nicht auf die »Schuld« von
Lehrer/innen lenken, wenn es nicht klappt, sondern auf den
Spielraum, den es auf der Lehrerseite offensichtlich gibt. Es gilt
also, diese Möglichkeiten auszuloten und zu Handlungsstrategien zu machen.

Größtes Misstrauen verdienen alle Konzepte, die sich einseitig
der Behandlung von »Störern« widmen und zugleich ignorieren, wie sehr es von der Klassenführung der Lehrkraft abhängt,
in welchem Maße Störungen überhaupt auftreten. Der einseitige
Blick auf die Schüler ist menschlich verständlich und macht
entsprechende Konzepte für Lehrkräfte attraktiv. Aber sachkun-
dig und professionell ist eine Sichtweise, die das eigene Verhalten vor der Klasse ausklammert, sicher nicht – und sie vergibt
eine wichtige Chance!

Auch der Faktor Lehrerverhalten ist allerdings nicht allmäch-
tig, und auch bei *seiner* Rolle sollte man sich vor einseitigen
und vereinfachenden Erklärungen hüten. So wird häufig angenommen, dass Strenge entscheidend sei für die Disziplin und
nur »Softies« Probleme mit ihrer Klasse hätten. Deutliche Zurechtweisungen und vielleicht auch Bestrafungen wären dann
das Rezept. Dass diese Vorstellungen nicht haltbar sind, wird in
Kapitel 2 ausführlich dargelegt.

Als weitere Vereinfachung nennt Bill McPhillimy (1996) die Annahme, Störungen entstünden durch uninteressanten Unterricht. Obwohl *interessanter* Unterricht zweifellos Störungen vermindern hilft, gibt es nach McPhillimy doch vier Gründe, warum in interessantem Unterricht nicht »die« Lösung des Problems liegen kann. Erstens könne kein Unterricht permanent das Interesse aller Schüler/innen wecken. Zweitens: Mancher Lernstoff sei unverzichtbar, aber leider wenig interessant. Drittens: Auch von interessantem Unterricht könnten Schüler/innen durch *noch* interessantere Dinge abgelenkt werden. Und viertens: Zuweilen müsse man sich erst in eine Sache vertiefen, *bevor* man sie überhaupt interessant finden könne.

Vorsicht ist auch geboten bei Erklärungen durch die »Lehrerpersönlichkeit«. Forschungen, die nach *den* Merkmalen *des* »guten Lehrers« bzw. *der* »guten Lehrerin« suchten, sind ergebnislos geblieben (im Überblick Bromme & Rheinberg 2006). Eher lässt sich umgekehrt sagen, welche Eigenschaften für diesen Beruf ungünstig sind, und geringe emotionale Belastbarkeit gehört offensichtlich dazu. Es gibt also Menschen, die für den Lehrerberuf wenig disponiert sind, so wie es sicherlich auch »Naturtalente« gibt. Doch auf jeden Fall, so McPhillimy, besteht das Unterrichten auch aus Techniken, die man erlernen kann.

Von der Auffassung, dass gutes Lehrerverhalten zumindest teilweise ein erlernbares Handwerk ist, wird auch das vorliegende Buch geleitet.

Ein Buch über Lehrerverhalten, nicht Schülerverhalten

Wenn die vorangehenden Ausführungen über die Gründe von Unterrichtsstörungen recht knapp ausgefallen sind, so liegt dies an der Zielrichtung des Buches. Es ist kein Buch zur Frage, warum es überhaupt Unterrichtsstörungen gibt. Es ist kein Buch über die Legitimität von Unterricht als Zwangsveranstaltung oder über die Legitimität von Unterrichtsstörungen. Es ist auch kein Buch über »gestörte« Kinder und Jugendliche, über deren familiäre Hintergründe oder die schwierige Frage, wie man die Eltern dazu bewegen könnte, psychologische Hilfe zu suchen. Und ebenso wenig ist es ein Buch über die Notwendigkeit von Reformen an Schulen und Lehrplänen, obwohl auch hier Ansatzpunkte für die Reduktion von »Störungen« liegen könnten. Die Rede ist dagegen von solchen Dingen, die in der Hand der Lehrkräfte liegen – unabhängig von einer Änderung der Schüler/innen, der Eltern oder der Schule.

Das Buch befasst sich also mit dem individuellen *Handlungsspielraum* für die Klassenführung. Noch einmal: Die Unterschiede im Verhalten der Lehrkräfte gegenüber *derselben* Klasse sind gewaltig. Und *dies* ist der Punkt, aus dem sich am leichtesten etwas machen lässt, um Probleme mit der Klasse zu lösen. Hier anzusetzen ist jedenfalls aussichtsreicher als der Versuch, an den schwierigen Seiten von Schüler/innen oder deren Eltern etwas zu ändern. *Deshalb* ist dies der Blickwinkel dieses Buches (nicht etwa, weil die Beschäftigung mit Verhaltensstörungen und ihren Hintergründen nutzlos wäre).

Das Buch berichtet über Forschungsergebnisse zum effektiven Klassenmanagement mit dem Doppelziel aus guter Mitarbeit und geringen Störungen, und es stellt erprobte Konzepte für die Lösung von besonderen Konflikten mit der Schulklasse vor. Dabei geht es

- mehr um Konflikte mit der *Klasse* als um Konflikte mit Einzelnen,
- mehr um *fortdauernde* und *wiederkehrende* Konflikte als um Einzelereignisse,
- mehr um *langfristige Problemlösungen* als um schlagfertige Reaktionen für den Augenblick.

Vorgestellt werden ausschließlich Handlungskonzepte, die von den Lehrkräften selbst realisiert werden können, und nicht Lösungen, die auf externe Hilfen wie Erziehungsberatung oder Sozialarbeit angewiesen sind.

Dennoch besteht das Buch nicht aus sofort umsetzbaren Rezepten mit Erfolgsgarantie. Zwar sind manche Vorschläge direkt umsetzbar, andere aber nur nach entsprechender Ausbildung. Ein Buch kann – nur – Wissen vermitteln und damit eine *Grundlage* für das Handeln schaffen. Aber das Handeln selbst erfordert häufig mehr als Sachwissen und auch mehr als Handlungswissen. Es erfordert oft Selbstbeobachtung, Selbstreflexion und gute Planung, zuweilen auch hilfreiche Beobachter und nicht zuletzt allerhand Übung.

Die Absicht des Buches ist es nicht, einen bestimmten, allein selig machenden Unterrichtsstil zu propagieren. Doch eines wird durch die dargestellten Forschungen und Handlungskonzepte vermutlich deutlich werden: *»Disziplin« ist nicht eine Frage der »Disziplinierung«, sondern des pädagogischen Geschicks.* Nicht auf das »Durchgreifen« kommt es an, sondern vor allem auf bestimmte Aspekte des nonverbalen und verbalen Lehrerverhaltens sowie der Unterrichtsführung.

Darüber hinaus sei auch dies schon angekündigt: Für ein breites Handlungsspektrum im Umgang mit Störungen ist es wichtig, nicht nur die geläufige Frage zu stellen:

- »Was tue ich, wenn …?«

sondern zwei weitere Fragen hinzuzufügen, nämlich:

- »Was tun *wir*, wenn …?«

und vor allem

- »Was tue ich, *damit nicht* …?«

Auf der ersten Frage liegt der Schwerpunkt des dritten Kapitels (lehrerzentrierte Intervention), auf der zweiten Frage der Schwerpunkt des vierten Kapitels (kooperative Intervention) und auf der dritten Frage der Schwerpunkt des nachfolgenden zweiten Kapitels (Prävention).

Manche Anregungen werden dem einen oder anderen banal erscheinen. Eine halbwegs umfassende Übersicht enthält notwendigerweise auch Altbekanntes, zuweilen unter einem anderen Namen. Allerdings zeigt die Praxis, dass selbst Banales keineswegs selbstverständlich ist. Manche Lehrkräfte sind selbst nicht pünktlich; manche sprechen mit den Schülern in einem Ton, den sie diesen niemals gestatten würden; manche vergeben Hausaufgaben, nach denen sie später nie wieder fragen usw. Wer jedoch an dieser oder jener Stelle mit Fug und Recht behaupten kann: »Das habe ich schon immer gemacht«, mag sich bestätigt und ermutigt fühlen.

Ein großes Problem bei der Erörterung von Handlungskonzepten ist nach meiner Erfahrung die verbreitete Neigung, vornehmlich auf die Grenzen zu verweisen, statt die Möglichkeiten zu erkunden. Aus Diskussionen weiß ich, wie leicht Lehrkräfte, wenn man eine Handlungsstrategie beschreibt, einen konkreten Problemfall dagegenhalten können, bei dem die vorgeschlagene Strategie vermutlich scheitern wird (»Ich kann mir nicht vorstellen, dass das in so einem Fall funktioniert«).

Dazu folgende Bemerkung: Man kann und man sollte auch über die Grenzen nachdenken. Aber dass es Grenzen gibt, ist kein Grund, das Nachdenken über die Möglichkeiten abzublocken und Handlungskonzepte zurückzuweisen, weil sie nicht in *jedem* Fall funktionieren. Außerdem: Ein Buch wie dieses verfolgt das Ziel, das Wissen um Handlungsmöglichkeiten zu *erweitern*, doch ohne zu sagen: Dies ist das Rezept. Welche Möglichkeiten in einem *bestimmten* Fall helfen könnten (oder ob überhaupt eine helfen könnte), ist ohnehin erst durch konkrete Erkundungen und Versuche an Ort und Stelle auszuloten.

Kapitel 2
Störungsprävention: Strategien für die alltägliche Klassenführung

Dieses Kapitel beschäftigt sich mit der Frage, welches Lehrerverhalten die Disziplinprobleme im alltäglichen Unterricht so gering wie möglich hält. Es geht hier also noch nicht um herausgehobene Konflikte mit einzelnen Schüler/innen oder der Klasse (darum geht es erst in den Kapiteln 3 und 4).

Wie mehrfach betont, ist die Disziplin – wenig Unterrichtsstörungen und gute Mitarbeit – in derselben Klasse sehr unterschiedlich, je nachdem, wer gerade unterrichtet. In der dritten Stunde bei Frau X kann es ganz anders aussehen als in der vierten bei Herrn Y – und zwar nicht an einzelnen Tagen, sondern regelmäßig.

Worauf sich diese Unterschiede gründen, auf welches Verhalten es also ankommt, dazu hat wohl jeder irgendwelche Vermutungen, nicht nur Lehrer/innen, auch Schüler/innen und x-beliebige Laien, die ja auch alle einmal in der Schule waren. Die subjektiven Theorien von Lehrkräften sind natürlich von besonderem Interesse und werden gleich anschließend zur Sprache kommen. Doch Erklärungsversuche stecken auch in Schüleräußerungen wie »Herr X ist viel zu gutmütig« oder »Frau Y kann sich nicht durchsetzen«. Ich erinnere mich, dass in meiner eigenen Schulzeit gegenüber manchen »neuen« Lehrern der Verdacht aufkam, sie hätten gleich in der ersten Stunde einen harmlosen Anlass als Gelegenheit für ein Donnerwetter genutzt, um sich auf diese Weise von Anfang an »Respekt« zu verschaffen – auch dies eine Vermutung über die Bedingungen von »Disziplin«.

Ob es, wie in diesen Beispielen offenbar angenommen wird,

tatsächlich auf »Strenge« und lautes »Durchgreifen« ankommt, das ist nur eine der Fragen, auf die die empirischen Forschungen eine Antwort geben.

Was hilft gegen Disziplinprobleme? Eine Umfrage unter Lehrkräften

Wenn wir von den Ergebnissen einer empirischen Untersuchung erfahren, erscheinen sie uns zuweilen so unmittelbar einleuchtend, dass wir meinen, dazu hätte man eigentlich keine Untersuchung benötigt: Sind die Befunde nicht ziemlich banal? Haben wir das nicht schon immer gewusst? Das mag zuweilen so sein. Aber vielleicht entsteht dieser Eindruck eben erst, wenn man die Ergebnisse bereits kennt. Wären wir also wirklich von selbst darauf gekommen, *bevor* wir sie kannten?

Um etwas genauer zu erfahren, welche Annahmen bei Lehrer/innen besonders verbreitet sind, habe ich eine kleine Umfrage durchgeführt. Die Aufgabe lautete, folgenden Satz zu ergänzen: *»Damit in der Schulklasse nur wenig Disziplinprobleme auftreten, ist es vor allem wichtig, dass man ...«*.

Es sollten etwa drei Ideen notiert werden – völlig frei, ohne irgendwelche Vorgaben. Dieses Verfahren sollte sicherstellen, dass die Befragten wirklich ihre eigenen Gedanken, ihre vorrangigen »Theorien« äußerten, statt sich zwischen vorgegebenen Antworten zu entscheiden, an die sie vielleicht von selbst gar nicht gedacht hätten.

In einer Stichprobe von 101 Lehrer/innen aus verschiedenen Schultypen wurden ca. 350 Gesichtspunkte genannt. Viele wurden nur sehr selten erwähnt, andere mehrfach in fast gleichem Wortlaut oder ähnlicher Aussage. Die meisten Angaben lassen sich recht gut in vier Kategorien einordnen:

- Das häufigste einzelne Stichwort lautet: *Regeln*. Es kam wörtlich oder sinngemäß in 18,6 % aller Angaben vor (65 mal). Dazu gehörten Aussagen wie: Regeln einführen (8,6 %), Regeln gemeinsam aufstellen (4,0 %), auf Einhaltung von Regeln achten (2,6 %), sich selber an Regeln halten (2,0 %).
- Als sinngemäße Ergänzung (ohne das Stichwort »Regeln«) kann man Äußerungen über *Reaktionen auf Störungen bzw. (Regel-)Verstöße* ansehen. Hierauf beziehen sich 12,9 % der Angaben (45). Dabei wurden häufiger genannt: Vorfälle und Probleme besprechen (3,1 %) bzw. nach einem bestimmten Konfliktlösungsmodell besprechen (1,4 %), konsequent sein (ohne Angabe, in welcher Weise) (2,3 %), Sanktionen erteilen (1,7 %).
- Einen umfangreichen Komplex bildet die *Unterrichtsführung*. Hierzu gehören 22,3 % aller Angaben (78), allerdings breit verstreut auf unterschiedliche Aspekte und teilweise recht allgemein, darunter: interessant, lebensnah usw. unterrichten (4,6 %), gute Strukturierung (3,4 %), Methodenwechsel (2,0 %), gut vorbereitet sein, gut planen (2,0 %), Schüler aktiv sein lassen (1,4 %), keine Über- und Unterforderung (1,1 %), transparente Ziele (1,1 %).
- Eine weitere umfassende Kategorie betrifft die *Gestaltung der sozial-emotionalen Beziehungen*. 20,3 % der Angaben (71) sind hierauf bezogen, wobei die folgenden Aspekte mehrfach erwähnt werden: Die Schüler/innen akzeptieren, verstehen, ernst nehmen (6,0 %), ein positives Klima schaffen (4,9 %), gute Lehrer-Schüler-Beziehung aufbauen (2,3 %), gute Kommunikation (1,1 %).
- Der Rest von 25,9 % bezieht sich auf unterschiedlichste Gesichtspunkte unbestimmter oder konkreter Art wie etwa: Vorbild sein, klar sein, kompetent sein, entspannt sein, authentisch sein, Freiräume gewähren, Schüler gut kennen, Schüler mit Namen anreden, den richtigen Ton treffen u. a. m.

Welche Schlüsse lassen sich aus dieser Erhebung ziehen? Wenngleich die Stichprobe nicht beanspruchen kann, repräsentativ für die gesamte Lehrerschaft zu sein, und die jeweiligen Zahlen nicht als feste Größen anzusehen sind, dürften zwei Befunde durchaus typisch sein.

Erstens dürfte typisch sein, welche Bereiche des Lehrerverhaltens häufig angesprochen werden, nämlich zum einem Regeln sowie mögliche Reaktionen auf Störungen und zum anderen vielfältige, nicht speziell störungsbezogene Aspekte der Unterrichtsführung und der Gestaltung sozial-emotionaler Beziehungen.

Zweitens ist ganz eindeutig und vermutlich auch typisch, dass trotz sehr vielfältiger Angaben mehrere Aspekte des Lehrerverhaltens, die sich in der *Forschung* als überaus bedeutsam erwiesen haben, in den subjektiven Theorien der Lehrer/innen (fast) völlig *fehlen!* Das heißt vermutlich, dass diese Forschungsergebnisse in der Lehrerschaft weitgehend unbekannt geblieben sind, aber es heißt wohl auch, dass es schwierig ist, allein durch Unterrichtspraxis zu solchen Erkenntnissen zu gelangen. Das Geschehen, das zu Disziplin führt, ist anscheinend schwer zu *durchschauen.* Und das gilt offenbar auch für Lehrkräfte, die ihre Klassen erfolgreich führen, weil sie es *intuitiv* richtig machen. Denn solche Lehrkräfte müssen ja in der Umfrage reichlich vertreten sein. Effektive Klassenführung ist dann vielleicht eine Kunstfertigkeit, die einem leicht von der Hand geht, ohne dass man sie anderen – etwa Praktikanten oder Referendaren – im Einzelnen erklären könnte.

Ich gestehe gerne, dass ich die nachfolgend dargestellten Befunde von Kounin und anderen auch nicht erwartet habe. Und wir alle können uns damit trösten, dass es den Forschern selbst genauso gegangen ist, als sie das Problem erstmals systematisch untersuchten.

Worauf kommt es tatsächlich an? Jacob Kounins unerwartete Befunde

Am Anfang stand ein Vorfall in einer Vorlesung. Er setzte den ganzen Forschungsprozess in Gang, wenn auch zunächst in die falsche Richtung. Auch diese erste Phase nachzuzeichnen lohnt sich jedoch. Denn was Jacob Kounin in seiner Vorlesung beobachtete, dürften viele Lehrkräfte in ähnlicher Weise erlebt haben, und was er daraus folgerte, erscheint zunächst sicherlich plausibel.

Den Vorfall schildert Kounin (1976, S. 17) wie folgt:»Ich hielt gerade einen Vortrag über Psychohygiene, der dem Verständnis der Psychodynamik menschlichen Verhaltens gewidmet war und die Absicht verfolgte, eine ›verständnisvolle‹, diagnostische Haltung Menschen gegenüber zu schaffen. Während ich vortrug, ließ ich meine Augen im Raum umherwandern und bemerkte in der hinteren Reihe einen Studenten, der in eine Zeitung vertieft war und sie in voller Größe ausgebreitet vor sich hielt. Im Widerspruch zu dem, was ich in meinem Vortrag vertreten hatte, rügte ich ihn ärgerlich, ganz ohne Diagnose oder Verständnis (…). Die Maßregelung hatte Erfolg. Er hörte auf, Zeitung zu lesen; zumindest hielt er sie nicht mehr voll ausgebreitet in die Luft. Es schien indessen, als sei die größere beobachtbare Wirkung hiervon auf die *anderen* Mitglieder der Klasse ausgegangen. Seitenblicke zu anderen unterblieben, Flüstern verstummte, Augen wandten sich vom Fenster oder dem Lehrer ab und den Notizblöcken auf den Tischen zu. Lastendes Schweigen breitete sich aus (…). Warum waren sie anscheinend so betroffen von einer Maßregelung, die gar nicht gegen sie gerichtet war? (…) Der beschriebene Zwischenfall führte zu einer Reihe von Untersuchungen, die Dr. Paul Gump, Dr. James Ryan und ich durchführten. Wir begannen mit einigen Untersuchungen über das, was wir später den Wellen-Effekt nannten: darüber, wie die Methoden eines Lehrers, mit schlechtem Betragen eines Schülers umzugehen, *andere* Kinder beeinflusst, die Beiwohner des Vorfalles, jedoch selbst nicht angesprochen sind.«

Die Suche nach effektiven Ermahnungen

Dass die »Disziplinierung« einzelner Schüler auf die ganze Klasse so wirken kann wie bei Kounin, werden viele Lehrkräfte schon erlebt haben. Und obwohl man mit einer solchen kollektiven »Einschüchterung« offenkundig über das eigentliche Ziel, nämlich die Beendigung von Störverhalten, weit hinausschießt, könnte der prompte Effekt doch nahelegen, daraus eine Methode zu machen. Zu Recht? Liegt hier das »Geheimnis« der Lehrer/innen mit disziplinierten Klassen?

Kounin wollte es genauer wissen: Wirkt sich die Zurechtweisung *einer* Person auf das Verhalten, auf die Gefühle und auf die Einstellung zur Lehrkraft auch bei *anderen* Mitgliedern einer Lerngruppe aus? Kommt es für die Disziplin in Lerngruppen darauf an, die Ermahnungen so zu wählen, dass sie gute Wellen-Effekte erzeugen? Welche Art der Zurechtweisung hat welche Effekte? Spielt es z. B. eine Rolle, wie deutlich sie ist, wie freundlich oder unfreundlich sie ist, ob sie personbezogen ist (»benimm dich«) oder arbeitsbezogen (»du verpasst etwas Wichtiges«). Solche Fragen sind offenkundig bedeutsam für die Führung einer Schulklasse, eben weil man es dort immer mit einem Kollektiv zu tun hat und nicht mit Einzelnen.

Kounins Forschungsgruppe entschied sich für eine Serie empirischer Untersuchungen mit verschiedenen Forschungsstrategien und in verschiedenen pädagogischen Bereichen: In Vorschulen und Ferienlagern führte man systematische Beobachtungen durch. In der High School befragte man die Schüler/innen per Interview oder Fragebogen nach konkreten Vorfällen in der Klasse, dem Lehrerverhalten und den eigenen Reaktionen. Im College und an der High School machte man überdies kurze Experimente: Mitarbeiter Kounins hielten einzelne Unterrichtsstunden und reagierten auf einen arrangierten Vorfall mit unterschiedlichen Varianten der Ermahnung.

Die Befunde waren ziemlich verwirrend. Ein Teil der Studien

erbrachte Wellen-Effekte, andere dagegen nicht. Die Art der Institution (ob Vorschule, High School, College, Ferienlager) spielte ebenso eine Rolle wie die gewählte Forschungsmethode (ob Beobachtung, Befragung oder Experiment). So fand man bei High School-Schülern zwar Wellen-Effekte in den Kurzzeit-Experimenten, nicht hingegen in den ausführlichen Interviews und schriftlichen Befragungen zu realen Vorfällen im alltäglichen Unterricht. Ob sich Schüler/innen nach einer Zurechtweisung anderer um eigenes gutes Benehmen bemühten, hing hier nicht von der Art der Zurechtweisung ab, sondern davon, wie motiviert er/sie für das jeweilige Fach war. Auch wurde das Urteil über die Ermahnung von der Zuneigung zur Lehrkraft mitbestimmt. Diese Befunde wiederum (die im Nachhinein ihrerseits einleuchtend erscheinen dürften) zeigten sich aber nicht in den Experimenten.

Nach fünf Jahren waren die Forschungsgelder aufgebraucht, doch die Widersprüche in den Befunden waren nicht aufgelöst und die Suche nach effektiven Ermahnungen steckte in einer Sackgasse. Das zwang die Forscher, für ein neues Projekt auf neuen Wegen neue Unterstützung zu suchen. Sie entschieden sich für Videoaufnahmen in Grundschulklassen. Die Fragestellung lautete: Worin unterscheiden sich die Lehrkräfte von Klassen mit hoher Mitarbeit und geringer Störungsrate von denen mit schlechter Disziplin?

In den Klassenräumen wurden jeweils zwei Kameras angebracht, und zwar eine, die die ganze Klasse erfasste, und eine, die wechselnde Nahaufnahmen ermöglichte. Erfasst wurde sowohl das Schülerverhalten (Mitarbeit und Fehlverhalten) als auch das Lehrerverhalten. Wie in anderen Forschungen trat nur vorübergehend ein »Kamera-Effekt« auf; nach kurzer Zeit spielte es keine Rolle mehr, beobachtet zu werden. (Im Übrigen galt die Bedingung »Kamera« für alle Klassen gleichermaßen.) Die Videoaufnahmen zeigten deutlich die großen Unterschiede der Klassen hinsichtlich der Mitarbeit, des Fehlverhaltens und der

Ansteckung durch Fehlverhalten – kurz: hinsichtlich der »Disziplin«.

Dem »alten Denken« verhaftet, versuchte man auch mit der Video-Methode zunächst wieder herauszufinden, welche Ermahnungen wirksam waren – ohne Ergebnis. Zwischen dem Zurechtweisungsverhalten der Lehrkräfte einerseits und der Störungsrate und Mitarbeit andererseits gab es *keinen* Zusammenhang: (1) Es ließ sich nicht feststellen, dass *im Verlaufe* von Unterrichtsstunden Ermahnungen vom Typ A erfolgreicher waren als die von Typ B, dass also beispielsweise die Klarheit, die Festigkeit, der Ärgerausdruck oder Bestrafungen eine Rolle spielten. (2) Es ließ sich ebenfalls nicht feststellen, dass jene *Lehrkräfte*, die insgesamt diese oder jene Zurechtweisung bevorzugten, disziplinniertere Klassen hatten als ihre Kolleginnen und Kollegen.

Man erlebte hingegen kuriose Beispiele dafür, dass bestimmte Reaktionsweisen in der einen Klasse Erfolg hatten, in einer anderen nicht. So beobachteten die Untersucher, wie Lehrkraft A beim Auftreten von Unruhe zum Lichtschalter ging und das Licht kurz an- und abschaltete – die Klasse wurde daraufhin sofort ruhig und alle schauten nach vorne. Tags darauf sahen sie, wie Lehrkraft B in der Parallelklasse genau dasselbe tat – aber die Schüler redeten einfach weiter.

Damit war die Forschung über die richtige Form der Zurechtweisung bei Störungen offenbar endgültig gescheitert. Unerklärt blieben die riesigen Unterschiede in der Disziplin der Klassen. Wenn die Art der Reaktion auf Störungen nicht bedeutsam war, was war *dann* bedeutsam?

Die Wende: Präventives Verhalten

Die Forscher starteten nun eine zweite Video-Studie in 49 Grundschulklassen. Und diesmal nutzten sie weit effektiver die besonderen Vorteile der Videotechnik: Sie konnten nämlich die Bänder nicht nur mehrmals anschauen, sie konnten sie ja auch zurückspulen und erkennen, was *vor* einer Störung geschah, statt lediglich, welche Lehrerreaktion darauf folgte. Auf diesem Wege gelangten sie schließlich zu nützlichen Ergebnissen. Es schälten sich mehrere Dimensionen des Lehrerverhaltens heraus, die deutlich mit guter Mitarbeit und geringem Fehlverhalten einhergingen:

1. Die erste Dimension heißt bei Kounin im Original »withitness and overlapping«. Das Kunstwort »withitness« bedeutet so etwas wie »Dabeisein«, »Allgegenwärtigkeit« oder »Präsenz«. Gemeint ist die Fähigkeit der Lehrkraft, den Eindruck zu vermitteln, dass sie alles im Blick hat und ihr nichts entgeht. Dazu gehört auch die Fähigkeit, zwei Dinge gleichzeitig zu tun, von Kounin als *Überlappung* bezeichnet.

Was Allgegenwärtigkeit bedeutet, lässt sich am besten an Beispielen zeigen, in denen es daran mangelt:

– In einer Szene wird ein Schüler während der Stillarbeit ermahnt (»Lass die Unterhaltung, mach deine Rechenaufgaben«), weil er mit dem Nachbarn geflüstert hat. Gleichzeitig, so zeigte die Videoaufnahme, warfen sich in einem anderen Bereich des Klassenzimmers zwei Jungen Papierflieger zu – ohne dass sie ermahnt wurden.
– In einer anderen Szene werden zwei Mädchen ermahnt, die miteinander flüstern und kichern. Das Videoband zeigt nun, dass die Unterhaltung bereits 45 Sekunden vorher von einem anderen Kind an demselben Tisch ausgegangen war und insgesamt 5 Kinder an der Unterhaltung beteiligt waren – ohne irgendeine Lehrerreaktion.

Immer wieder fanden die Forscher, dass Lehrkräfte mit Disziplinproblemen erst dann auf Fehlverhalten reagierten, wenn es sich bereits auf andere Kinder ausgebreitet hatte oder wenn es erst richtig »schlimm« geworden war. Offenbar kommt es also darauf an, dass man *rechtzeitig* reagiert und dass man die *richtigen* Schüler/innen ermahnt (und nicht, wie gesagt, mit welchen Worten und in welcher Lautstärke man es tut).

Der ergänzende Aspekt der Überlappung zeigt sich in Situationen, in denen die Lehrkraft gleichzeitig vor zwei Anforderungen gestellt wird. Dazu wieder Beispiele (Kounin, S. 93):

- In einem Unterrichtsabschnitt mit Gruppenarbeit kümmerte sich die Lehrerin um eine Lesegruppe. In einer anderen Gruppe rangeln zwei Schüler spielerisch. Die Lehrerin verlässt nun die Lesegruppe, um die beiden Störer heftig zurechtzuweisen, und geht danach wieder zur Lesegruppe – ein Fall von mangelnder Überlappung
- In einer ähnlichen Situation sagt eine andere Lehrerin »Lies weiter, Mary, ich höre zu« und fast gleichzeitig ermahnt sie zwei Schwätzer an einem anderen Tisch (»Dreht euch um und macht eure Arbeit«) – ein Beispiel für gute Überlappung.

Die Überlappung besteht also darin, gleichzeitig zwei Geschehnissen Aufmerksamkeit zuzuwenden, sei es durch Bemerkungen, durch Anweisungen oder auch nur durch Blicke. Solche Überlappung unterstützt den eigentlich wichtigen Punkt der »Allgegenwärtigkeit«, also jenes Verhalten, mit dem man signalisiert, dass man »Augen im Hinterkopf« hat.

2. Die zweite Dimension betrifft *Reibungslosigkeit und Schwung* bei der Steuerung von Unterrichtsabläufen (im Original: »smoothness and momentum«). Das mag so klingen, als sei einfach ein »lebendiger« Unterricht gemeint. Tatsächlich geht es jedoch speziell um die Übergänge zwischen verschiedenen Aktivitäten und um Verzögerungen im Unterrichtsfluss. Wiederum sind *Mängel* bezüglich dieser Dimension leichter zu erkennen als eine gute Umsetzung. Das gilt besonders für Verzögerungen durch die Beschäftigung mit Nebenaspekten. Einige Beispiele:

- Während einer Rechenübung ermahnt der Lehrer einen Schüler, der sich auf die Ellenbogen stützt, aufrecht zu sitzen und zeigt ihm die »richtige« Körperhaltung.
- Mitten in einer Unterrichtsstunde fragt die Lehrerin unvermittelt: »Wo ist denn Susi? Weiß jemand, warum sie fehlt?«
- Während eines Gespräches entdeckt die Lehrerin eine Papiertüte auf

dem Fußboden und macht dazu Bemerkungen:»Was hat da eine Tüte zu suchen? Wer hat die da hingeworfen?« usw.

Die Ablenkung durch zufällige, für den momentanen Unterricht belanglose Reize sowie minutenlange »Predigten« wegen eines kleinen Fehlverhaltens sind wohl besonders typische Verstöße gegen »Reibungslosigkeit«. Aber auch ein allzu abrupter Wechsel der Aufgabe oder ein thematisches Hin- und Her (»Sprunghaftigkeit«) gehören dazu. Beispiele:

– Die Kinder sollen von Einkaufserlebnissen berichten. Ein Kind erzählt sein Erlebnis. Ohne darauf einzugehen und ohne drei weitere Meldungen zu beachten, geht die Lehrerin an die Tafel und zeigt ihnen neue Wörter für die nächste Lektion.
– Nach Übungen im Rechtschreiben sollen die Rechtschreibsachen weggelegt und die Rechenbücher hervorgeholt werden. Als fast alle Rechenbücher auf dem Tisch liegen, kommt der Lehrer auf die Rechtschreibübung zurück:»Wer von euch hat alle Wörter richtig geschrieben?«

Kounin betont, die gute Einhaltung der Dimension »Reibungslosigkeit und Schwung« sei ganz unauffällig und kaum zu bemerken. Es sei wie beim Geigenspiel: Fehler könne man benennen, hervorragendes Spiel erscheine dagegen leicht und mühelos. Und genauso falle Außenstehenden kaum auf, wie eine Lehrkraft eine glatte Unterrichtsführung zustande bringe; es sehe fast so aus, als ob sie »nichts mache«.

3. Die dritte Dimension ist die *Aufrechterhaltung des Gruppenfokus*. Es geht darum, in welchem Maße es gelingt, nicht nur einzelne, sondern gleichzeitig *möglichst viele* Schüler zu aktivieren, auch solche, die gerade nicht »dran« sind. Eine genauere Analyse zeigte, dass vor allem zwei Aspekte die Mitarbeit erhöhen und Fehlverhalten reduzieren: die Stimulierung einer breiten Aufmerksamkeit (»Gruppenmobilisierung«) sowie eine breite Leistungskontrolle (»Rechenschaftsprinzip«).

Gruppenmobilisierung – man könnte auch sagen: »Klassenaktivierung« – wird unter anderem durch folgende Verhaltensweisen gefördert:

- Ein Lehrer kündigt eine Aufgabe mit den Worten an: »Jetzt wollen wir mal sehen, wer von euch ...«.
- Eine Lehrerin stellt eine Frage an die ganze Klasse und dabei wandert ihr Blick von Schüler zu Schüler.

Kollektive Mobilisierung wird also gefördert, wenn durch die Art der Ansprache tatsächlich alle damit rechnen müssen, in den kommenden Sekunden oder Minuten dranzukommen. Die Mobilisierung ist weniger »kollektiv«, wenn die Lehrkraft *vor* einer Frage einen Schülernamen nennt oder eine Reihenfolge des »Drankommens« vorgibt (z. B. nach Sitzordnung).

Beim »Rechenschaftsprinzip« geht es um die Anzahl der Schüler, deren Leistungen kontrolliert werden. So werden viele gleichzeitig kontrolliert, indem die Lehrkraft beispielsweise durch die Klasse geht und auf alle Hefte schaut, indem sie von allen die Hefte, Malblöcke o. dgl. hochhalten lässt, oder indem sie die ganze Klasse zu Meldungen auffordert und mehrere aufnimmt. Weiterhin zeigt sich das Rechenschaftsprinzip darin, dass während einer Stunde immer wieder andere Schüler drankommen und nicht nur einige wenige.

4. Die vierte Dimension heißt bei Kounin *programmierte Überdrussvermeidung*. Sie hat am direktesten mit »Motivation« zu tun. Doch geht es nicht um optimale Motivierung, sondern lediglich um die Vermeidung »negativer Motivation«, um Hilfen gegen Überdruss und Langeweile.

Ermittelt wurde ein empirischer Zusammenhang von guter Mitarbeit und geringem Fehlverhalten mit dem Teilaspekt »(positive) Valenz und intellektuelle Herausforderung«. Damit bezeichnet Kounin *stimulierende Anstöße* an Überleitungsstellen. Beispiele:

– Ankündigungen wie »Jetzt kommt was Lustiges.«
– »Jetzt wird's vertrackt, da müsst ihre eure Denkermützen aufsetzen.«

Weiterhin bedeutsam war »Abwechslung und intellektuelle Herausforderung«, wobei die *Abwechslung* viele Aspekte betreffen konnte: Wechsel der intellektuellen Anforderung, Wechsel der Inhalte, Wechsel der äußeren Aktivität (Lesen, Schreiben, Malen, Hantieren usw.) u. a. m. Allerdings stand dieser Aspekte nur für Stillarbeit in Zusammenhang mit Disziplin, nicht für den Unterricht vor der ganzen Klasse (während alle vorangehenden Dimensionen sich durchgängig als bedeutsam erwiesen hatten).

Mit diesen beiden Aspekten zur »Überdrussvermeidung« ist das Spektrum »motivierenden« Lehrerverhaltens gewiss nicht erschöpfend untersucht. Kounin selbst räumt ein (S. 131), dass z. B. die Bedeutung von Interessantheit, Lebensnähe, Schwierigkeitsgraden usw. nicht hinreichend erfasst wurde. Allerdings stecken auch in den vorangehenden Dimensionen, etwa in der Erhaltung des Gruppenfokus, durchaus Aspekte der Motivierung.

So viel über Kounins wegweisende Video-Studie zu der Frage, welche Aspekte der Klassenführung einer Lehrkraft mit wenig Störungen und hoher Mitarbeit einhergehen.

Weitere Forschungen

Kounins Untersuchung war die erste, die mit der präzisen Erfassung des Mikroverhaltens der Lehrpersonen und der Schüler/innen Licht in ein pädagogisches Problem brachte, dem man sich zuvor eher mit Volksweisheiten und pädagogischem »Überzeugungswissen« näherte (und in der Praxis wohl auch heute noch nährt). Aus diesem Grunde habe ich sie hier ausführlich beschrieben. Aber es ist nicht die einzige Untersuchung geblieben.

An einer höheren Altersstufe und mit anderer Methodik überprüften Rheinberg und Hoss (1979) die Relevanz von Kounins Dimensionen. Untersucht wurde in 22 Hauptschulklassen der Stufen 5 bis 10. In jeder Klasse wurde eine Stichprobe von 6 Schüler/innen genau beobachtet, und zwar in Bezug auf: (1) Störungen (z. B. Nachbarn boxen, mit dem Bleistift trommeln, werfen, rufen usw.), (2) die Ausbreitung dieser Störungen auf Mitschüler, (3) die aktive Mitarbeit (sich melden, Beiträge liefern usw.), (4) die Ausbreitung der Mitarbeit auf andere. Das Verhalten der jeweiligen Lehrer/innen wurde in den 22 Klassen per Fragebogen aus Schülersicht ermittelt. Der Fragebogen bestand aus konkreten Aspekten von Kounins Dimensionen (z. B. »Wenn der Lehrer jemanden ermahnt, erwischt er meist den richtigen« als Aspekt der Allgegenwärtigkeit, »Der Lehrer achtet drauf, dass so ziemlich alle Schüler einmal drankommen« als Aspekt von Gruppenmobilisierung). Die Befunde liegen im Wesentlichen auf der Linie Kounins. Niedrige Störungen gingen vor allem mit einem Lehrerverhalten einher, das einer ausgeprägten Allgegenwärtigkeit und Überlappung sowie einer starken Gruppenaktivierung entspricht. Diese breite Mobilisierung korrelierte auch am deutlichsten mit aktiver Mitarbeit. Für die anderen Aspekte des Lehrerverhaltens gab es Trends in der erwarteten Richtung.

Auch in der früher erwähnten (S. 19) Untersuchung von Helmke und Renkl (1993), in der die Klassenzusammensetzung und die Klassenführung in ihrer Bedeutung für aufmerksames Verhalten verglichen wurden, bestand die effektive Klassenführung zum guten Teil in einer hohen Ausprägung auf Kounins Dimensionen.

Eine begrenzte Bestätigung liefern auch die Untersuchungen zur Lehrerfortbildung nach dem »Konstanzer Trainingsmodell« (Tennstädt et al. 1990, Humpert & Dann 2000), denn es enthält mehrere Komponenten, die den Kounin'schen Dimensionen entsprechen (z. B. Störungen im Keim ersticken, den Gruppenfokus aufrechterhalten). Allerdings hat das Modell eine breitere Zielsetzung (es geht auch um Aggressionsverminderung im Unterricht) und es kommen weitere Trainingselemente hinzu, was eine eindeutige Interpretation erschwert. Deutlich dominiert jedoch der präventive Charakter und die Arbeit nach diesem Trainingsmodell erbrachte für die teilnehmenden Lehrkräfte »eine messbare Verringerung des Störungspegels in ihren Klassen« (Tennstädt 1991, S. 183).

Insgesamt kann aufgrund verschiedener Forschungen, vor allem im amerikanischen Raum, an der Bedeutung der Kounin'schen Dimensionen kaum ein Zweifel bestehen (zusammenfassend Good & Brophy 1997), wenn auch ohne Anspruch auf Vollständigkeit.

Die wichtigste Ergänzung liegt in der Herstellung beständiger Ordnungsstrukturen, vor allem durch die Einführung von *Regeln*. Ihre Bedeutung für eine effektive Steuerung des Klassenalltags ist empirisch gut belegt (vgl. Doyle 1986, Evertson, Emmer & Worsham 2000, Good & Brophy 1997) und auch außerhalb der Forschung weithin geläufig. Dass bei Kounin eine Dimension »Regeln« nicht vorkommt, liegt an seinem Forschungsansatz. Er konzentrierte sich auf das Verhalten der Lehrkräfte im laufenden Unterricht und erfasste es mit seinen Kameras. Regeln lassen sich jedoch nicht direkt videografieren, und ihre Einführung hat gewöhnlich schon vorher stattgefunden. Ebenfalls schon im Vorfeld des aktuellen Unterrichtens liegen weitere Einflussfaktoren wie die organisatorische Vorbereitung. Von diesen »prä-interaktiven« Aspekten ebenso wie von den »interaktiven« Aspekten nach dem Muster Kounins wird in diesem Kapitel noch ausführlich und praxisnah die Rede sein.

Rückblick auf populäre Täuschungen

Man mag sich fragen, warum von dem prompten Zurechtweisungseffekt, den Kounin in seiner Vorlesung erlebte und der den Anstoß zu seinen Forschungen gegeben hatte, nichts übrig geblieben ist. War der Erfolg nicht offenkundig? Und ist der Erfolg einer »Anschrei-Therapie« (die ein Lehrer einmal empfahl) nicht offenkundig, selbst wenn man so ein Verhalten vielleicht nicht gutheißt? Uns allen geht es wohl manchmal ähnlich wie Kounin: Eine Einzelerfahrung beeindruckt uns so stark, dass sie sich lange Zeit als »Leitidee« festsetzt und die Suche nach Alternativen blockiert.

Bei genauem Hinsehen beruht der »Erfolg« vermutlich auf zwei Täuschungen. Zum einen: Wenn ein Verhalten *sofort* wirkt, erhöht das den Eindruck von »Erfolg«. Doch der kurzfristige Effekt ist nicht automatisch auch ein langfristiger.

Zum andern: Man täuscht sich wohl auch hinsichtlich der *Art* der Wirkung. Was wird wirklich erreicht? In Kounins erster Forschungsphase berichteten High School-Schüler/innen über ihre emotionalen Reaktionen auf heftige Zurechtweisungen: über Gefühle von Unbehagen und Peinlichkeit; über die Erleichterung, nicht selbst betroffen zu sein. Beobachtungen in Vorschulen ermittelten ebenfalls »Verhaltensbrüche« (besorgte Gesichter, Unterbrechung der Arbeit etc.). Solche emotionalen Einschnitte und die eintretende Stille kann von Lehrkräften als Erfolg erlebt werden, weil die Störung momentan beendet ist. Aber eine Hinführung zu besserer Mitarbeit ist eine ganz andere Sache!

Skepsis ist auch angebracht gegen eine Erklärung von Disziplin durch die *Autorität* der Lehrkraft. »Autorität« ist ein vager und schillernder Begriff – er reicht von persönlichem Charme bis zu autoritärem Gehabe – und wird oft als bloßes Wort für eine geheimnisvolle Kraft eingesetzt, die man nicht wirklich versteht. Die Aussage: »Lehrerin X hat Autorität« *benennt* insofern lediglich die Tatsache, dass sie Einfluss ausübt, aber *erklärt* hat man damit nichts – solange unklar bleibt, wie die Einflussnahme zustande kommt. Außerdem verleitet der Begriff dazu, die Problemlösung an der falschen Stelle zu suchen. Denn ein wichtiges gemeinsames Ergebnis zahlreicher Forschungen ist, »dass

Lehrkräfte, die die Klassenführung (classroom management) als das Schaffen und Aufrechterhalten einer effektiven Lern-Umwelt verstehen, erfolgreicher sind als Lehrkräfte, die ihre Rolle als Autoritätsfiguren oder Disziplinierer betonen« (Good & Brophy 1997, S. 127).

Ganz nebenbei hat Kounins Untersuchung noch eine weitere populäre Annahme erschüttert, dass nämlich die Disziplinprobleme maßgeblich mit der *Größe der Klasse* zunähmen. Die Klassengröße (Spannbreite bei Kounin: 21 bis 39 Kinder) spielte nur eine minimale, statistisch nicht signifikante Rolle, die Relation von Jungen und Mädchen überhaupt keine (Kounin 1976, S. 167). Auch dieser Befund wurde übrigens durch die Untersuchungen von Rheinberg und Hoss (1979) sowie von Helmke und Renkl (1993) bestätigt. In Bezug auf die einzelne Lehrkraft heißt das: Wer die wirksamen Verhaltensweisen nicht beherrscht, dem nützt auch eine kleine Klasse nichts (so wie manche Eltern sogar mit einer »Klasse« von einem Kind überfordert sind!).

Ausblick auf effektive Praxis

Die Forschungen haben nicht nur geläufige Annahmen in Frage gestellt, sondern zugleich Wegweiser für die Praxis geliefert. Diese praktischen Aspekte werden nun in den nachfolgenden Teilen des Kapitels eingehender erörtert. Die allgemeine Perspektive sei wie folgt zusammengefasst:

- Disziplin hängt überwiegend von Verhaltensweisen der Lehrkraft ab, die wenig mit »Disziplinierung« zu tun haben.
- Entscheidend ist nicht, was auf eine Störung folgt, entscheidend ist die *Prävention*. Etwas überspitzt: Mit Disziplinproblemen muss man nicht »fertig werden«, man muss sie verhindern.

- Die Prävention läuft in erster Linie auf ein gutes *Lern-Management* hinaus und nur sekundär auf eine Beschäftigung mit Störverhalten.

- Eine solche Prävention umfasst sowohl die Etablierung eines langfristigen *Ordnungssystems* (prä-interaktiv) als auch die *aktuelle Verhaltensbeeinflussung* während des Unterrichts (interaktiv).

- Die aktuelle Beeinflussung geschieht in hohem Maße durch ganz *unauffällige*, insbesondere nonverbale Verhaltensgewohnheiten der Lehrkraft.

Für die *emotionale Seite des Lehrerverhaltens*, die für das »Klima« in der Klasse so wichtig ist, lassen die wirksamen Ansatzpunkte viel Spielraum. Regeln einführen, die Klasse kollektiv aktivieren, unnötige Verzögerungen vermeiden, überall präsent sein – solche Verhaltensweisen sind weder streng noch gutmütig, weder freundlich noch unfreundlich. Da aber ärgerliche und bedrohliche Reaktionen für die Disziplin unnötig sind, liefern die Befunde indirekt durchaus Argumente für freundliches, »humanes« Lehrerverhalten. Dieses selbst verhindert zwar noch keine Störungen. Wer aber die präventiven Strategien gut beherrscht, wird vermutlich weniger Ärgeranlässe erleben und sich somit mehr Raum für Freundlichkeit bewahren.

Die nachfolgenden Abschnitte dieses Kapitels gründen sich auf die zuvor erwähnten Forschungen. Kounins Dimensionen spielen eine wichtige Rolle (wenn auch unter einprägsameren Bezeichnungen) und werden um weitere Aspekte ergänzt. Zugleich werden die Strategien so gegliedert, dass sich aus der Sicht einer Lehrkraft, die ihr eigenes Handeln reflektiert (»worauf muss ich achten?«), gut überschaubare Suchbereiche ergeben. Es sind dies die vier Bereiche, die in der Tafel auf Seite 43 umrissen werden. Sie sind selbstverständlich nicht als Alternativen zu verstehen, sondern als einander ergänzende Komponenten.

VORSCHAU AUF VIER DISZIPLINARRELEVANTE BEREICHE DES
LEHRERVERHALTENS

• Vorausplanende Prävention: Regeln und Organisation
  Etablierung eines überdauernden Ordnungssystems, Vorbereitung von Unterrichtsabläufen.

• Prävention durch breite Aktivierung
  Akzent auf *Unterrichts*führung bzw. Lern-Management mit dem Ziel der Klassenaktivierung.

• Prävention durch Unterrichts»fluss«
  Akzent auf Vermeidung *eigener* Unterbrechungen des eigentlichen Unterrichts.

• Prävention durch Präsenz- und Stoppsignale
  Akzent auf Überwachung und Beeinflussung der Schüler/innen hinsichtlich regelgerechten Verhaltens.

Vorausplanende Prävention: Regeln und Organisation

Störungsprävention beginnt schon vor der Unterrichtsstunde. Gemeint ist damit zum einem die erwähnte Schaffung von Ordnungsstrukturen, die das Schülerverhalten in vielen künftigen Unterrichtsstunden regulieren, und zum andern die Vorbereitung der aktuellen Unterrichtsstunden.

Das wichtigste Stichwort für die nachhaltige Ordnungsstiftung lautet *Regeln*. Regeln sind Erwartungen an das Verhalten in bestimmten Situationen. Sie können in allen Lebensbereichen unsichtbar, sanft und wirksam Verhalten steuern und sind auch für die schulische Disziplin von großer Bedeutung. Da Regeln nicht für Einzelne gelten, sondern für alle Schüler/innen einer Schule oder Klasse, dienen sie auch der Gerechtigkeit. Lehrkräfte können überdies leichter auf Verstöße reagieren, wenn sie auf eine Regel verweisen können; und eine Ermahnung wird dann auch nicht als unvorhersehbar, willkürlich und ungerecht empfunden.

Es liegt aber vermutlich nicht nur an diesen offenkundigen Vorteilen, dass in der Umfrage unter Lehrkräften von den hier vorgestellten vier präventiven Ansätzen einzig die Regeln in ihrer Bedeutung klar erkannt und sehr häufig erwähnt wurden (vgl. S. 27); denn die anderen Ansätze sind an sich nicht weniger nützlich. Vermutlich ist jedoch die Bedeutung von Regeln leichter zu erkennen, weil sie am direktesten mit »Verstößen« zu tun haben. Denn Disziplinprobleme *sind* ja gewöhnlich Regelverstöße.

Allerdings nicht immer. Vielleicht wurden nämlich von der Lehrkraft die *konkreten* Erwartungen nie in klare Regeln gefasst, vielleicht wurden sie nie mit der Klasse besprochen, oder vielleicht stellt die Lehrkraft durch wechselhafte Reaktionen die Gültigkeit der Regeln faktisch selbst in Frage (z. B. tadelt sie einmal das Rufen in die Klasse, ein anderes Mal greift sie einen hineingerufenen Beitrag auf). In all diesen Fällen sind die Verstöße nicht eindeutig, weil die Regeln selber nicht eindeutig sind. Es kann aber auch zu viele Regeln geben. Manche Vorschriften einer Lehrkraft haben zuweilen sehr mit ihrem persönlichen Geschmack zu tun – ist ein Verstoß dagegen auch dann ein »Disziplinproblem«?

Die Einführung von Regeln

Die Schule ist voller Regeln, z. B. für das Verhalten auf dem Schulhof, für die Beteiligung am Unterricht, für das Verhalten bei Klassenarbeiten usw. Einige Regeln, die die ganze Schule betreffen (z. B. nichts beschädigen, keine Waffen mitbringen, Wertsachen nicht unbeaufsichtigt lassen), können eventuell in einem von der Schulkonferenz verabschiedeten Schulvertrag festgehalten werden, der von allen neu eintretenden Schüler/innen unterschrieben wird (Tücke 2005). Doch grundsätzlich liegt viel in den Händen der einzelnen Lehrkräfte. Sie müssen auf jeden Fall von Zeit zu Zeit an geltende Regeln erinnern oder auch neue einführen.

Was sich zu regeln empfiehlt, hängt in gewissem Grade von der Altersstufe und Besonderheiten der Klasse ab. In der Grundschule muss man noch viele Regeln einführen, die für ältere Schüler/innen selbstverständlich sind; für diese kommen dann andere Dinge hinzu (z. B. Regeln für faire Streitgespräche). Und natürlich wird es mit zunehmendem Alter immer wichtiger, die Regeln selbst zum Thema zu machen und über Begründungen zu diskutieren.

Man kann grob zwei Typen von Regeln unterscheiden: Verhaltensregeln und Verfahrensregeln. (Die Unterscheidung entspricht in etwa »rules and procedures« beim englischen »classroom management«; z. B. Doyle 1986, Evertson et al. 2000). Mit *Verhaltens*regeln sind im Wesentlichen Erwartungen an das soziale Verhalten, an das »gute Betragen« gemeint (Höflichkeit, Friedfertigkeit, Hilfsbereitschaft, störungsfreie Mitarbeit usw.), mit *Verfahrens*regeln hingegen konkrete Vorgaben für bestimmte Abläufe in häufig vorkommenden Unterrichtssituationen. Zwischen beiden Typen gibt es allerdings fließende Übergänge. Die folgenden Beispiele haben überwiegend den Charakter von Verfahrensregeln:

- Wann genau, mit welchem Signal, beginnt der Unterricht?
- Was ist zu tun, wenn die Lehrkraft verspätet kommt?
- Zu welchen Zwecken darf man von seinem Platz aufstehen?
- Darf man zur Sache nur sprechen, wenn man aufgerufen wurde, oder auch spontan, wenn sich sonst niemand meldet?
- Welche Folgen hat die Nichterledigung von Aufgaben?
- Was ist zu tun, wenn man mit der Stillarbeit fertig ist?
- Wann und wie sollte man Unzufriedenheit oder Vorschläge zum Unterricht mitteilen?
- Ist leises (nicht störendes) Schwatzen erlaubt?

Manche Verfahrensregeln müssen nicht nur bekannt gemacht, sondern auch mehr oder minder gut *geübt* werden. So wie»Prozeduren«, die direkt zu den Lernzielen gehören (z. B. Handhabung von Mikroskop oder Malsachen) geübt werden müssen, gilt das z. B. auch für soziale und kommunikative Fertigkeiten in der Partner- oder Gruppenarbeit oder für die rasche Ausführung organisatorischer Abläufe wie das Bilden eines Stuhlkreises, das Verteilen oder Einsammeln von Material etc. In manchen Fächern muss gar das»richtige« Aufräumen und Saubermachen gelernt werden. Es ist wichtig, dass solche Dinge zu festen *Routinen* werden, damit sie wenig Zeit verbrauchen und wenig Unruhe erzeugen.

Ein Problem bei der Etablierung von Regeln ist häufig, dass verschiedene Lehrkräfte verschiedene Erwartungen haben. Bei Frau X ist das Sprechen mit Nachbarn überhaupt nicht erlaubt, während man bei Herrn Y flüstern darf. Damit die Regeln nicht so willkürlich erscheinen, wäre es wünschenswert, dass sich alle Lehrkräfte einer Schule oder wenigstens die Lehrkräfte derselben Klasse auf gemeinsame Regeln einigten. Wenn dies nicht zu erreichen ist, kann man dennoch nicht auf Regeln verzichten. Die Schüler/innen lernen dann notgedrungen, sich bei Lehrerin X anders zu verhalten als bei Lehrer Y. Jeder weiß dies aus der eigenen Schulzeit.

McPhillimy (1996, S. 41) empfiehlt, bei der Einführung von Regeln drei (Meta-)Regeln zu beachten:

- so wenig wie möglich,
- so einsichtig wie möglich,
- so positiv wie möglich.

Erstens sollte die Zahl der Regeln gut überschaubar sein, damit sie leicht zu behalten sind. Auch kann man seltener gegen eine Regel verstoßen, so McPhillimy, wenn es nur wenige Regeln gibt, und hat dabei wohl im Auge, dass es nicht zu viele Anlässe für Ermahnungen und Disziplinierungen geben darf.

Zweitens sollten die Regeln leicht einzusehen sein, damit die Schüler/innen sie als notwendig akzeptieren und deshalb auch im Falle eines Verstoßes eventuelle Ermahnungen der Lehrkraft als fair empfinden.

Drittens sollten die Regeln positiv formuliert sein, das heißt: Es sollten eher Gebote als Verbote ausgesprochen werden. Zumindest sollte nicht nur gesagt werden, wie man sich nicht verhalten soll, sondern *auch*, wie man sich stattdessen verhalten sollte. Beispiele:

- »Erst überlegen und dann melden« statt »Nicht raten«.
- »Nur leise flüstern« statt »Die anderen nicht stören«.
- »Macht selber Vorschläge« statt »Nicht rummäkeln.«

Damit sollen sich in den Köpfen Schemata des eigenen aktiven Handelns (statt des Hemmens) ausbilden. Überdies klingen positive Aufforderungen weniger bedrohlich als Verbote und sind somit atmosphärisch günstiger.

Des Weiteren sollten Regeln nicht einfach nur verkündet, sondern die Schüler/innen sollten bei ihrer Einführung auf die eine oder andere Weise *beteiligt* werden (Wahl, Weinert & Huber 1984, McPhillimy 1996). Das Minimum ist, dass mit den Schüler/innen über den Sinn vorgegebener Regeln *diskutiert* wird. Eine intensivere Mitwirkung ist zu erreichen, indem man die Schüler/innen *mit einem Problem konfrontiert*, für das man Lösungen braucht (vgl. McPhillimy):

- »Wie können wir dafür sorgen, dass alle eine Chance haben, zu Wort zu kommen?«
- »Wie erreichen wir, dass niemand verletzt wird?«

Solche Mitwirkung bei der Regeleinführung dient nicht allein der Prävention von Disziplinproblemen. Sie ist auch gefragt bei der kooperativen Intervention zur Lösung bestehender Konflikte (s. hierzu Kapitel 4).

Wann sollten Regeln eingeführt werden? Untersuchungen legen nahe, dass die ersten Tage und Wochen eines Schuljahres für den weiteren Verlauf sehr wichtig sind. Eine Studie von Emmer, Evertson & Anderson (1980, zit. nach Good & Brophy 1997) in 28 Klassen des dritten Schuljahres erbrachte folgende Befunde: Lehrkräfte, deren Unterricht reibungslos und wie von selbst ablief, hatten bei genauem Hinsehen frühzeitig die Grundlagen dafür geschaffen und wichtige Dinge genau bedacht. Sie hatten zentrale Verhaltensregeln beschrieben sowie Abläufe und Handhabungen vorgemacht. Auch die Konsequenzen für positives und negatives Verhalten waren klargemacht worden. Typisch wiederum: Diese Lehrkräfte konzentrierten sich auf die eigentlichen Lernaktivitäten und nicht so sehr darauf, dass die Schüler still waren! Das heißt, sie erläuterten die Aufgaben präzise, verlangten Nachbesserungen, wenn nötig, gaben prompte Rückmeldungen und praktizierten überhaupt viele der aktivierenden Unterrichtsstrategien, von denen früher die Rede war. Demgegenüber spielten persönliche Kritik und Strafandrohung keine große Rolle. Im Prinzip ähnliche Ergebnisse wurden für die Sekundarstufe gefunden.

»Frühzeitig« heißt nicht »alles auf einmal«. Was für den Lernstoff gilt, gilt auch hier. Zu viel auf einmal ist eine Überforderung. Deshalb werden am besten einige Regeln sehr früh und andere nach und nach eingeführt. Hierfür gibt es natürliche Anlässe. Im Grunde hört die Einführung von Regeln nie ganz auf (auch für Erwachsene nicht, z. B. im Betrieb oder in Zweierbeziehungen). Und es gibt sicher nicht nur Anlässe, Regeln einzuführen, sondern auch, sie von Zeit zu Zeit neu zu diskutieren, zu revidieren und manchmal auch abzuschaffen.

Eigene Regeln wirklich erst nehmen

Es gibt zahllose Regeln in vielen Lebensbereichen, die zwar bekannt sind, aber nicht eingehalten werden – und zwar häufig völlig folgenlos. Man denke nur an den Straßenverkehr mit den Tempoüberschreitungen, falschem Parken usw. Ähnliche Probleme kann es auch in Schulklassen geben. Es ist zwar nicht möglich zu verhindern, dass Schüler/innen gegen Regeln verstoßen. Aber fatal ist es, wenn Lehrer/innen selbst durch ihr Handeln zeigen, dass sie die eingeführten Regeln nicht so ernst nehmen wie sie klingen. Auf die Disziplinprobleme bezogen heißt das: Man verkündet Regeln gegen Unterrichtsstörungen, aber übergeht es, wenn ein Teil der Klasse sich nicht danach richtet.

Wahl, Weinert und Huber (1984) sehen einen wichtigen Grund für permanente Unruhe in der Schulklasse darin, dass sich die betreffenden Lehrkräfte mit halben Erfolgen zufrieden geben und den Unterricht schon dann fortsetzen, sobald die Unruhe zwar zurückgegangen, aber noch nicht beendet ist. Aufgrund von Beobachtungen in zahlreichen Klassen berichten sie (S. 409): »Die Lehrer schafften es zwar immer wieder, sich gegenüber besonders auffälligen Unruheherden durchzusetzen und auch extreme Geräuschpegel deutlich zu verringern. Kaum einer machte sich aber die Mühe, darauf zu achten, ob sämtliche Schüler der Klasse wirklich das erwünschte Verhalten zeigten. Vielmehr wurde häufig versucht, mit etwas erhobener Stimme die verbleibende Unruhe zu übertönen.«

Wer zu dieser »Übertönungsstrategie« neigt, hat also möglicherweise die eigenen Regeln gegen Unruhe faktisch in Frage gestellt (vielleicht aus Resignation). Nach Wahl, Weinert und Huber ist es problematisch, wenn »ein gewisser Unruhepegel zugelassen« wird und sich die Eingriffe auf solche Schüler beschränken, die sich »aus dieser allgemeinen Unruhe noch herausheben«.

Es kann natürlich nicht darum gehen, auch unsinnige Regeln um jeden Preis durchzusetzen. Wenn die praktischen Erfahrungen nahelegen, dass eine Regel nicht zweckmäßig ist, muss sie neu formuliert oder es müssen explizit die Ausnahmen benannt werden. Aber *wenn* man sie für sinnvoll hält – und die »Ruhe-Regel« ist sicher sinnvoll –, dann muss ihre Einhaltung auch konsequent überwacht werden. Dass mit »Konsequenz« nicht Drohungen und Strafen gemeint sind, sondern ganz andere Verhaltensweisen, wurde bereits berichtet und wird im Abschnitt über Präsenz- und Stoppsignale vertieft werden.

Gute Organisation

Während Regeln den künftigen Unterricht beeinflussen, indem sie die Erwartungen an das Schülerverhalten klarstellen, sind andere vorausschauende Maßnahmen der Störungsprävention eher organisatorischer Art. Hierzu gehört die Sicherstellung guter äußerer Bedingungen, insbesondere durch die *Gestaltung des Klassenraumes*. Es ist wichtig, dass alle Bereiche für die Lehrkraft gut überschaubar sind, dass sie sich zwischen den Tischen problemlos bewegen und alle Schüler leicht erreichen kann, dass alle benötigten Geräte funktionieren, dass alle benötigten Materialien zur Verfügung stehen und anderes mehr. Solche Äußerlichkeiten können wichtig werden für die mobile Präsenz der Lehrkraft, für einen zügigen Unterrichtsablauf und für die Aktivierung der Mitarbeit aller Schüler/innen.

Neben der räumlichen und materiellen Gestaltung des Klassenraums ist auch an die *Planung methodischer und organisatorischer Abläufe* zu denken. Hierzu einige Beispiele: Wie werden reibungslose Übergänge zwischen Unterrichtsgespräch, Gruppenarbeit und Stillarbeit gesichert? Welche Aufgaben sind bereitzuhalten, um Lernende mit unterschiedlichem Leistungsstand gleichermaßen gut zu beschäftigen? Wie können kleine Leistungskontrollen eingebaut werden? Wie lassen sich Erfordernisse, die nicht zu den Unterrichtsinhalten gehören (Einsammeln von Geld usw.), so in die Unterrichtsstunde einbauen, dass möglichst wenige Unterbrechungen entstehen?

Es ist für die meisten Lehrkräfte wohl selbstverständlich, dass sie sich in ihrer Unterrichtsvorbereitung nicht nur über Lernziele und Lerninhalte Gedanken machen, sondern auch über organisatorische Vorbereitungen wie die eben erwähnten. Nicht so selbstverständlich (s. Umfrage S. 27) ist anscheinend die Erkenntnis, dass eine gute Organisation nicht nur für den eigentlichen Unterricht, sondern eben auch für die Störungsprävention von Bedeutung ist und diese daher in gewissem Grade schon mit der Unterrichtsvorbereitung angebahnt wird.

Die folgenden Kapitelabschnitte werden an einigen Stellen erneut deutlich machen, wie die (interaktive) Störungsprävention durch breite Aktivierung und durch Unterrichtsfluss teilweise von der (prä-interaktiven) Vorbereitung abhängt.

ZUSAMMENFASSUNG: REGELN UND ORGANISATION

- Elementare Regeln frühzeitig einführen, andere später nach Bedarf; eventuell Regeln für bestimmte Probleme vorschlagen lassen.
- Verfahrensregeln für wiederkehrende Anforderungen als Routinehandlungen einüben.
- Anreize für die Einhaltung und Sanktionen für Verstöße klarstellen.

- Sich mit anderen Lehrkräften auf einheitliche Verhaltensregeln und Routinen verständigen.
- Eingeführte Regeln wirklich ernst nehmen; nicht selber
  gegen Regeln verstoßen.
- Klassenraum, Geräte, Materialien usw. für reibungslosen
  Ablauf vorbereiten; bei der Unterrichtsvorbereitung glatte organisatorische Übergänge einplanen.

Prävention durch breite Aktivierung

Die Vermeidung von Disziplinproblemen durch einen »guten«,
vielleicht gar einen »mitreißenden« Unterricht ist zweifellos die
eleganteste Lösung. Denn das Unterrichten ist nun mal die eigentliche Aufgabe, und der Ansatzpunkt »Prävention durch
breite Aktivierung« hat von allen vier Strategietypen am engsten
mit der *Unterrichts*führung zu tun, während insbesondere »Regeln« sowie »Präsenzsignale« eher zur *Klassen*führung jenseits
des eigentlichen Unterrichtens gehören.

Statt von breiter Aktivierung könnte man in gewissem Grade
auch von »motivierendem« Unterricht sprechen. Die Formulierung »aktivierend« drückt aber präziser aus, worauf es ankommt: auf die Induzierung von Lernaktivitäten. Konkret: Die
Schüler/innen denken über eine Frage nach, sie schreiben etwas
auf, sie versuchen einen Text zu verstehen, sie tragen einen Gedanken vor, sie hören der Lehrkraft oder den Mitschülern zu
usw. All dies erfordert außer der inneren Kraft namens »Motivation« unter anderem auch eine Selbststeuerung (Volitions-
bzw. Willensprozesse), die das eigene Handeln sogar trotz Des-
interesse, trotz Unbequemlichkeiten usw. auf Zielkurs hält.

Es geht aber nicht einfach um Aktivierung, sondern um *breite*
Aktivierung, um die Aktivierung vieler, möglichst aller Schüler/

innen. Während es kaum möglich ist, alle Schüler/innen für den Unterrichtsstoff zu motivieren, ist es doch möglich, viele oder alle zum Mitmachen zu veranlassen oder wenigstens zu verhindern, dass sie stören. Die Kunst, dies zu erreichen, besteht aus vielfältigen Lehrerfertigkeiten. In Kounins Untersuchung werden sie vor allem in der Dimension »den Gruppenfokus aufrechterhalten« zusammengefasst. Weitere Aspekte, darunter auch Kounins »Überdrussvermeidung«, fließen in die hier vorgestellte »Prävention durch breite Aktivierung« mit ein.

Allgemein gesprochen kann man, wie bei jedem Verhalten, bei der Aktivierung von Lerntätigkeiten vorangehende und nachfolgende Einflussfaktoren unterscheiden. Das heißt: Lehrerverhalten hat einerseits Lerntätigkeiten »anzuregen« und andererseits auf sie zu »reagieren«. Von beiden Seiten her kann man »aktivieren«.

AKTIVIERUNG DURCH ANREGEN	SCHÜLERVERHALTEN	AKTIVIERUNG DURCH REAGIEREN:
Darbieten, Fragen, Aufgaben stellen Nonverbale Stimuli	➔ *Lerntätigkeiten* ➔	Aufnehmen, Kontrollieren, Bewerten

In bestimmten Unterrichtsphasen kann eindeutig das Anregen vorherrschen (z. B. etwas erzählen, etwas vorführen), in anderen eindeutig das Reagieren (z. B. Hausaufgabenkontrolle). Häufig sind aber in der Praxis beide Seiten eng miteinander verwoben, etwa während einer Frage-Antwort-Interaktion zwischen Lehrkraft und Klasse.

Dass eine geschickte Unterrichtsführung, die möglichst alle Schüler/innen aktiviert, nicht nur das Lernen fördert, sondern quasi nebenbei auch für »Disziplin« sorgt, mag auf den ersten

Blick trivial erscheinen. Dennoch spielt dieser Punkt in den subjektiven »Disziplin-Theorien« vieler Lehrkräfte offenbar keine bedeutsame Rolle. Zwar waren in der Umfrage 22 Prozent aller Angaben unterrichtsbezogen (s. S. 27). Doch von allen Befragten nannten 51 Prozent überhaupt keinen Aspekt, der mit der Unterrichtsführung zu tun hatte.

Überdies ist anscheinend nicht leicht zu erkennen, auf *welche* Aspekte der Unterrichtsführung es ankommt. Dass eine *kollektive* Aktivierung so wichtig ist, wurde von niemandem explizit formuliert. Und jene Angaben der Befragten, die sich als Vorschläge zur Aktivierung verstehen lassen, sind zwar durchaus relevant, aber im Ganzen zu einseitig: Sie konzentrieren sich deutlich auf die stimulierende Gestaltung (»interessant« usw.), während etwa die breite Mobilisierung bei Lehrerfragen sowie das breite Aufnehmen und Kontrollieren außer Acht bleiben.

Die folgenden Abschnitte behandeln beides: die allgemein bekannten Rezepte und solche Aspekte, deren Zusammenhang mit Disziplin allzu leicht übersehen wird.

Anregende Darbietung

Wenn Studierende in einem Seminar über die Frage sprechen möchten, »wie man eine Schulklasse motiviert«, antworte ich zunächst gerne mit der Bemerkung: »Sie wissen doch sicher, wie man eine Klasse motiviert – oder nicht?« In der Tat kommen dann viele *didaktische und methodische* Vorschläge: Man solle »interessante« Themen wählen, man solle an den Erfahrungen der Schüler/innen anknüpfen, man solle mal etwas Rätselhaftes einflechten, man solle öfter mal die Methoden wechseln, man solle lebendig sprechen, man solle verschiedene Medien einsetzen usw. All dies dient sicherlich der Anregung von Lerntätigkeiten, und vermutlich wissen darüber nicht nur Studierende der Lehrämter Bescheid. Wohl jeder pädagogische

Laie weiß in gewissem Umfang aus eigener Erfahrung, worauf zu achten ist. Es mag daher banal und überflüssig wirken, didaktisch-methodische Aspekte zu erwähnen, von denen anzunehmen ist, dass alle Unterrichtenden sie kennen. Aber erstens wird, wie gesagt, ihr Zusammenhang mit *Disziplin*problemen häufig übersehen. Und zweitens wird in der Praxis doch häufig gegen sie verstoßen.

Tatsächlich ist es natürlich schwierig, immer interessante Inhalte und eine abwechslungsreiche Gestaltung zu finden. Zum Teil ist es sogar unmöglich; denn manche Inhalte sind vorgegeben und werden höchstens von einem Teil der Klasse als interessant empfunden. Es ist ohnehin eine unrealistische Erwartung, dass alle Schüler/innen sich für alles interessieren könnten. Welcher Lehrer, welche Lehrerin interessiert sich denn für »alles«, was in der Schule gelehrt wird?!

Dennoch ist nicht zu übersehen: Bei manchen Lehrkräften ist der Unterricht meistens für einen großen Teil der Klasse interessant, bei anderen ist er gewöhnlich für die Mehrheit sterbenslangweilig. Und das bei vergleichbarem Lehrstoff! Während Lehrer A sich z. B. überwiegend in den Lehrbuchtexten voranarbeitet, trägt Kollege B zu demselben Sachverhalt lebendige Beispiele oder persönliche Lebenserinnerungen vor – und alle hören zu. Wegen dieser Unterschiede ist es also doch nicht ganz überflüssig, auf diese banalen Punkte hinzuweisen.

Zur Stimulierung gehört aber mehr als die didaktisch-methodische Gestaltung. Sehr wichtig ist zweifellos auch das *nonverbale Ausdrucksverhalten*: Stimme, Mimik, Gestik und Bewegung im Raum können wesentlich dazu beitragen, die Aufmerksamkeit zu wecken und wachzuhalten. Wie sehr das Ausdrucksverhalten die Menschen in den Bann ziehen kann, beweisen uns Film und Theater, und zweifellos hat es auch große Bedeutung für den Unterricht (vgl. Rosenbusch 1995).

So kennt jeder die Macht der *Stimme*. Es kommt eben nicht nur darauf an, *was* man sagt, sondern auch, *wie* man es sagt.

Wer vor einer Schulklasse steht, sollte mit klarer, deutlicher und lebendiger Stimme sprechen. Bei jedem Vortrag macht es für die Zuhörer einen großen Unterschied, ob die vortragende Person monoton leiert oder mit variationsreicher Stimme spricht. Noch wichtiger ist dies für Schüler/innen, die über lange Strecken eines ganzen Vormittags aufmerksam bleiben sollen. Daneben geht es um so banale (aber nicht immer erfüllte) Anforderungen wie die, dass die Lehrkraft nicht »nuschelt« und auch in der letzten Reihe klar zu vernehmen ist.

Neben der Stimme kann auch die *Mimik* stimulieren, schon deshalb, weil sie Emotionen ausdrückt. Und wenngleich Schulunterricht keine dramatische Veranstaltung ist, braucht sich lebendige Mimik doch nicht auf Ärgerausdruck zu beschränken. Es kann durchaus anregend und sympathisch wirken, wenn sich auch Begeisterung, Verwunderung, zweifelndes Nachdenken usw. in den Augen und auf der Stirn zeigen. Hinzu kommt die *Gestik*. Sie hat vor allem die Funktion, das gesprochene Wort zu begleiten. Mit den Händen kann man z. B. bestimmte Aussagen unterstreichen, etwas Wichtiges »ankündigen« oder Einschnitte setzen. Schließlich ist die *Bewegung im Raum* zu erwähnen, da die Nähe der Lehrperson die Aufmerksamkeit gewissermaßen erzwingt.

Trotz der unbestreitbaren Bedeutung solcher Anregungsfaktoren mag es sein, dass manche Lehrer/innen ihren nonverbalen Ausdruck nicht bewusst steuern möchten, weil sie ihn als eine sehr »persönliche« Seite von sich empfinden. Dies sollte in den nachfolgenden Punkten kein Hemmnis sein; hier geht es um gänzlich professionelle Seiten der Lehrertätigkeit.

Rund ums Frageverhalten

Im Unterricht werden naturgemäß viele Fragen gestellt. Daher verdient das Frageverhalten besondere Beachtung, wobei mit Frage*verhalten* mehr gemeint ist als das Fragen*stellen*.

Will man eine *breite* Aufmerksamkeit und Beteiligung we-
cken, müssen sich alle Schüler/innen angesprochen und heraus-
gefordert fühlen. Wie dargestellt (S. 36), ist es unter diesem
Aspekt ungünstig, schon vor der Frage einen Namen zu nennen
(»Alex, kannst du mir sagen ...?«) oder die Reihenfolge des
»Drankommens« vorher festzulegen (nach Sitzordnung o. a.).
Günstiger ist es, zusammen mit der Frage den Blick über die
Klasse wandern zu lassen, eventuell noch unterstützt durch eine
»einladende« Handbewegung.

Weiterhin kann es sinnvoll sein, nach der Frage *Zeit zum
Nachdenken* zu geben. Auf diese Weise bekommen alle eine
Chance, sich zu äußern – nicht nur die Schnellen, sondern auch
die Langsamen. Wenn nämlich nur die Schnellen drankommen,
können sich die Langsamen das Nachdenken sparen und »ab-
schalten«. Das bedeutet nicht nur »mangelnde Aktivierung«. Es
ist auch bedauerlich, weil die Langsamen ja nicht immer die
Schwachen sind, sondern häufig die Gehemmten und weniger
Forschen, vielleicht auch die besonders Gründlichen und Selbst-
kritischen, die ihre Antwort dreimal prüfen, ehe sie sich melden.

Gewöhnlich geben Lehrer/innen nach einer Frage wenig Zeit
zum Nachdenken, meistens warten sie nicht länger als 3 Sekunden (Helmke 2006). Ein Grund für die Erwartung prompter
Antworten ist vermutlich, dass Schweigen als unangenehm
empfunden wird und schnelles Losreden die »peinliche Stille«
beendet. Dieses Problem löst sich auf, wenn man klarstellt, dass
man schweigendes Nachdenken erwartet und frühe Meldungen
gar nicht angenommen werden. Die Klarstellung könnte etwa
so aussehen: »Nehmt euch zwei Minuten Zeit zum Nachdenken,
notiert eure Ideen auf einem Zettel«.

Die Denkpause dient aber nicht nur der Aktivierung – sie ist
auch eine Phase der Stille, in der Störungen leichter auffallen als
während eines schnellen Frage-Antwort-Wechsels oder eines
Gesprächs.

Schließlich sei darauf hingewiesen, dass sich – jenseits unserer eigentlichen Thematik – durch die Wartezeit auch die Qualität der Antworten verbessern kann. Dies ist allerdings abhängig von der Art der Frage. Unterschiedliche Fragen stellen unterschiedliche Ansprüche an die Denkleistungen. Eine nützliche Einteilung unterscheidet vier Fragetypen (Amidon & Hunter, zit. nach Grell 1981): (1) Reproduktive Gedächtnisfragen (z. B. »Wie lautet der Fachausdruck für …«), (2) konvergente Denkfragen, die eine bestimmte Schlussfolgerung verlangen (»Wie kann man diesen Dreieckswinkel berechnen?«), (3) divergente Denkfragen, für die es ganz unterschiedliche Lösungen gibt (»Welchen Titel könnte man dieser Geschichte geben?«), und (4) evaluative Fragen, die eine Stellungnahme verlangen (»Sollte eine solche Tat bestraft werden oder nicht?«). Wer eine reproduktive Frage hört, merkt meist schnell, ob er die Antwort weiß oder nicht. Bei konvergenten, divergenten und evaluativen Fragen sind die Antworten dagegen nicht unmittelbar abrufbar; sie verlangen mehr oder minder »produktives« Denken. Bei diesen drei Fragetypen ist es daher auf jeden Fall sinnvoll, Zeit zum Nachdenken zu gewähren. Doch selbst bei reproduktiven Fragen kann dies den sehr Vorsichtigen entgegenkommen.

Beim *Aufnehmen von Antworten* sollten, wie gesagt, im Prinzip *alle* Schüler/innen aufgerufen werden können. Dass dies die kollektive (statt individuelle) Mobilisierung fördert, ist einer der klaren Befunde von Kounin und ebenso von Rheinberg und Hoss (1979). Vermutlich kann sich auch jeder aufgrund eigener Erinnerungen an die Schulzeit gut vorstellen, dass die »Gefahr« des Drankommens das »Aufpassen« fördert und dem »Stören« entgegenwirkt.

Dennoch sollte man, meine ich, dieses Prinzip nicht überstrapazieren und nicht ohne Einfühlung betreiben. Denn es muss vermieden werden, dass das Aufrufen zu einem ängstlichen Klassenklima führt, weil es wie eine Bedrohung und Bloßstellung wirkt. Dies dürfte wesentlich davon abhängen, welcher

Ton in der Klasse vorherrscht und ob man für falsche Antworten getadelt wird. In erster Linie geht es auch *nicht* darum, gerade die dranzunehmen, die dies gar nicht möchten. Vorzugsweise nur Meldungen anzunehmen, verstößt insofern nicht gegen das Prinzip der kollektiven Aktivierung. Es soll aber *nicht* vorhersehbar sein, dass man *nicht* drankommt, weil man ohne Meldung prinzipiell nicht aufgerufen wird oder weil die Lehrkraft sich sowieso nur mit den Guten beschäftigt oder weil man in der festgelegten Reihenfolge bereits dran gewesen ist. Im Übrigen ist das Aufrufen ja nur einer von zahlreichen Ansatzpunkten zur breiten Aktivierung.

Zu Stillarbeit und Gruppenarbeit

Stillarbeit bietet im Prinzip eine Chance für breite Aktivierung, weil hier, anders als im Unterrichtsgespräch, *alle* nebeneinander *aktiv* sein sollen und können, z. B. indem sie Matheaufgaben lösen, Lückentexte füllen, eine Tabelle herstellen, englische Sätze übersetzen, ein Bild malen, einen Text schreiben. Und bei Stillarbeit kann es tatsächlich so still sein wie bei einer Klassenarbeit.

Sehr wichtig für das Gelingen sind die richtigen *Aufgaben*. Sie sollen nach Möglichkeit Spaß machen und eine Herausforderung sein. Herausforderung heißt: Nicht zu leicht, nicht zu schwer, sondern mit Anstrengung lösbar. Da sich die Schüler/innen in ihrem Leistungsstand unterscheiden, werden nicht alle dieselbe Aufgabe als optimale Herausforderung empfinden. Nach Möglichkeit sollte daher die Gesamtaufgabe aus Teilaufgaben unterschiedlicher Schwierigkeit bestehen, so dass »für alle etwas dabei ist« und auch Schwächere erkennen können, dass es sich lohnt, aktiv zu werden. Für die Leistungsstarken können Zusatzaufgaben angeboten werden.

Auch die *Instruktionen* für die Stillarbeit sind ein wichtiger

Punkt. Bei unklaren Instruktionen beginnen schnell die Tuscheleien:»Verstehst du das? *Was* sollen wir machen?«Da mündliche Instruktionen oftmals nicht präzise aufgenommen werden, empfiehlt es sich, sie an die Tafel zu schreiben, sofern sie nicht mit dem Aufgabenzettel verteilt werden.

Sind in der Stillarbeit *Texte* zu lesen, so spielt deren *Lesbarkeit* eine wichtige Rolle. Leider ist es keineswegs selbstverständlich, dass Schulbücher klar und verständlich geschrieben sind; und zuweilen ist es für Lehrkräfte schwierig, andere geeignete Texte zu finden. Gute Texte aber sind ein wichtiger Beitrag zum selbstständigen, zum lehrer*un*abhängigen Lernen. Aus diesem Grunde haben Langer, Schulz von Thun und Tausch (2002) das Phänomen»Verständlichkeit«untersucht und an vielen Beispielen gezeigt, dass es möglich ist, selbst Texte, die in schwierigem Wissenschafts- oder Bürokratiedeutsch geschrieben sind, in gut verständliche Sprache zu übersetzen, ohne dass der Sinngehalt verloren geht.

Was immer die Aufgabe und das Material der Stillarbeit ist, zur breiten Aktivierung gehört auch die *breite Kontrolle*. Sie geschieht zum Teil während der Stillarbeit durch einen Blick auf möglichst viele Tische, zum Teil nach der Stillarbeit durch das Aufnehmen von Beiträgen. Da bei komplexeren Aufgaben nur wenige Schüler/innen drankommen können, nehmen manche Lehrkräfte eine Stichprobe schriftlicher Bearbeitungen mit nach Hause. Andere lassen die Schüler/innen ihre Hefte zur gegenseitigen Korrektur austauschen, sofern die Aufgabenstellung dies erlaubt. In manchen Fällen, besonders in den ersten Schuljahren, kann schon das Hochhalten von Heften ein kleiner »Leistungsnachweis« sein.

Bedenkt man alle diese Aspekte, die für eine »aktivierende« Stillarbeit von Bedeutung sind, so ist Good & Brophy (1997) sicher Recht zugeben, wenn sie sagen, dass die Stillarbeit nicht weniger gründlich geplant werden muss als der Unterricht vor der Klasse.

Dasselbe gilt auch für *Gruppenunterricht*. Ihn gibt es in verschiedenen Varianten, doch in jedem Fall wird anders und anderes gelernt als im direkten Unterricht, was durch die Bezeichnung »kooperatives Lernen« recht gut ausgedrückt wird (zur Forschung Slavin 1995, im Überblick Hasselhorn & Gold 2006). Denn es ist ein Lernen mit gegenseitiger Unterstützung. Man kann in der Gruppe Ideen austauschen, Aufgaben untereinander verteilen, anderen etwas erklären, andere Meinungen aufgreifen usw. Auch bietet Gruppenarbeit die Chance, dass mehr Schüler/innen zu Wort kommen, eventuell auch schwächere, die vor der Klasse selten zu sprechen wagen. Zweifellos liegen hier Lernziele von eigenem Wert.

Aber Gruppenarbeit funktioniert nicht von selbst! Wenn sich vier Schüler/innen um einen Tisch setzen, ist das noch keine Gruppenarbeit. Manche Lehrkräfte sind enttäuscht, wenn die Kooperation nicht klappt, und möglicherweise stöhnen auch die Schüler/innen: »Ach, schon wieder Gruppenarbeit«. Dann stellt sich die Frage: Haben die Gruppen eine *Anleitung* bekommen? Wurde das kooperative Lernen eingeübt? Man bedenke, dass auch Erwachsene effektives Lernen und Arbeiten in Gruppen gewöhnlich erst lernen müssen. Weiterhin kommt es, ähnlich wie bei der Stillarbeit, entscheidend darauf an, dass die *Aufgabe* für Gruppenarbeit gut geeignet ist, dass dafür hinreichende Vorkenntnisse vorhanden sind, dass sie allen eine Chance für einen Beitrag bietet und dass der Auftrag klar verstanden wird.

Bei jener Variante des kooperativen Lernens, die als *Gruppenpuzzle* bezeichnet wird, ist jedes Gruppenmitglied für einen Teil des Gesamtthemas zuständig. Die Aufteilung und die Zuordnung geeigneter Texte werden von der Lehrkraft vorbereitet. Bezüglich des eigenen Beitrags macht sich das Gruppenmitglied anhand der Texte zum »Experten«, diskutiert darüber mit den entsprechenden Experten der Parallelgruppen und kehrt anschließend in die eigene Gruppe zurück, um die übrigen Gruppenmitglieder zu unterrichten. Durch dieses Verfahren ist eine kollektive Aktivierung fast unvermeidlich (für eine kurze Darstellung der Methode s. Frey-Eiling & Frey 2002, Renkl & Beisiegel 2003).

Grundsätzlich können aber auch in der Gruppenarbeit einzelne Schüler/innen durch unpassende Bemerkungen stören oder aber allzu inaktiv bleiben. Deshalb sind, wie bei anderen Unterrichtsformen, *breite Leistungskontrollen* erforderlich. Robert Slavin (1995), der das kooperative Lernen intensiv erforscht hat, empfiehlt eine Doppelstrategie: Einerseits ist die *Gruppen*leistung zu stimulieren und zu würdigen, andererseits darf auch die *individuelle* Verantwortlichkeit nicht aufgehoben sein! Erreicht werden kann dies, je nach Art der Aufgabe und des Gruppenarrangements, unter anderem durch ein Gruppenprotokoll über die individuellen Beiträge, durch Äußerungen im anschließenden Plenum oder auch durch einen angekündigten Test zum Gruppenthema (vgl. Evertson et al. 2000). Im Falle von Tests (die natürlich nur bei bestimmten Aufgaben passen) kann der Durchschnitt der individuellen Punkte zugleich als Gruppenleistung gelten.

Gruppenunterricht ist nicht per se ein Mittel der Störungsprävention, aber er muss auch nicht wegen besonderer Störungsanfälligkeit gemieden werden. Entscheidend ist, neben der beschriebenen kollektiven Aktivierung, dass die Schüler/innen mit den Verfahrensregeln vertraut sind und dass die Lehrkraft angemessene Präsenz zeigt: Wendet sie sich z. B. einer Gruppe zu, weil sie eine Beratung wünscht, kann sie zu den anderen immerhin nonverbal Kontakt halten.

Positive Rückmeldungen

Es ist eine banale und zugleich wichtige Einsicht, dass es sich *lohnen* muss, aktiv zu sein! Im Idealfall steckt der »Lohn« in der Aktivität selbst. Wer ein Thema »interessant« findet, wem eine

Fertigkeit wie Zeichnen oder Rechnen »Spaß macht«, wer seine Aufgaben erfolgreich löst, der muss nicht lange zur Aktivität gedrängt werden. Dass es möglichst vielen Schüler/innen so ergeht, ist das Ziel einer überlegten Unterrichtsgestaltung. Der Akzent liegt dabei auf der Anregungs-Seite, auf den Inhalten, Aufgaben und Methoden. Doch selten ist dies wirklich bei allen Schüler/innen zu erreichen. Weil ihre Vorlieben und Fähigkeiten sehr unterschiedlich sind, muss der »Lohn« fürs Lernen zusätzlich auch durch Reaktionen der Lehrkraft geliefert werden, indem sie nämlich Leistungen nicht nur registriert, sondern auch würdigt. Zuallererst wird man hier wohl an das Lob denken, doch das Spektrum aktivierender Lehrerreaktionen ist viel breiter. Beispielsweise gehört dazu auch: Beiträge aufgreifen, Beiträge an die Tafel schreiben, Kunstwerke ausstellen, Sternchen oder andere symbolische Belohnungen vergeben.

Auch *Lob* lässt sich in sehr unterschiedlicher Weise aussprechen. Gewöhnlich sollte es mehr sein als eine Reaktion wie »gut« oder »richtig«. Good und Brophy (1997, S. 145) kommen aufgrund verschiedener Untersuchungen zu dem Schluss, dass nicht so sehr die Häufigkeit, sondern vor allem die *Art* des Lobes wichtig ist. Zwei Aspekte sind besonders zu beachten: (1) Das Lob darf nicht aus abgenutzten Floskeln bestehen, es muss echt klingen in der Aussage sowie in Stimme und Mimik. (2) Das Lob muss präzise sagen, worauf es sich bezieht. Einige Beispiele:

- »Du hast sogar eine ganze Liste von Ideen gesammelt.«
- »Es gefällt mir, dass du der Frage so gründlich nachgehst.«
- »Ah ja, auf diesen Gedanken bin ich noch nicht gekommen.«
- »Deine Grafik hat die Sache sehr anschaulich gemacht.«
- »Das Argument klingt sehr einleuchtend.«

Ausführlicher als im Unterricht können schriftliche Kommentare unter Klassenarbeiten oder Hausaufgaben sein oder auch eine

Würdigung im persönlichen Gespräch, die manchen Schülern ohnehin lieber ist als ein Lob vor der Klasse.

Was den spezifischen Bezug des Lobes anbelangt, so kann hier auch der *individuelle* Maßstab ins Spiel kommen: Man vergleicht die einzelnen Schüler/innen mit sich selbst und nicht mit den Mitschüler/innen. Das heißt: Man erteilt somit ein Lob für den *persönlichen Fortschritt* und nicht nach dem Leistungsrang in der Klasse. Beispiele:

– »Ich habe mich gefreut, dass du dich jetzt öfter meldest als früher.« (Lob im persönlichen Gespräch)
– »Gegenüber den letzten Aufsätzen ist die Komma-Setzung besser geworden.« (Schriftlicher Kommentar)

Für diese Orientierung an der »individuellen Bezugsnorm« bieten Kommentare *außerhalb* der formellen Notengebung durchaus viel Spielraum, vor allem bei mündlichen Leistungen und den Hausaufgaben. Dieser Spielraum wird, wie Untersuchungen zeigen, von manchen Lehrkräften ausgiebig, von anderen leider gar nicht genutzt (s. Rheinberg & Krug 1999). Ein weiterer Aspekt dieser individuellen Orientierung besteht darin, dass man Fortschritte (oder Rückschritte) vorzugsweise mit dem Faktor *Anstrengung* erklärt (»Du hast dich gut vorbereitet«, »hast gut aufgepasst« etc.) und nicht etwa mit (Un-)Fähigkeit oder Zufällen. Denn die Anstrengung ist der Faktor, auf den Lernende am meisten Einfluss haben.

Hier wird besonders deutlich, dass eine *breite* Aktivierung leichter möglich ist, wenn jeder *das* bekommt, was *ihn* aktiviert. Ein Unterricht, der in sich vielfältig ist, erhöht die Chance, unterschiedlichen Fähigkeiten und Vorlieben gerecht zu werden.

Eine gute *Klassen*führung kollidiert also nicht mit *individueller* Förderung. Im Gegenteil: Wer die Führung des Kollektivs beherrscht, schafft dadurch Spielraum, sich Einzelnen zuzuwenden. Sollten die beiden Anliegen doch einmal kollidieren, so ist allerdings während des laufenden Unterrichts der Klasse Vorrang zu geben vor der Beschäftigung mit Einzelnen.

ZUSAMMENFASSUNG: BREITE AKTIVIERUNG

- Lebendige Stimme, Mimik, Gestik usw.
- Anregende Inhalte, Methoden und Medien.
- Fragen erkennbar an die ganze Klasse richten, Blick wandern lassen, Denkzeit gewähren (je nach Fragetyp), jeden mal drannehmen.
- Verständliche Texte, klar formulierte Aufgaben für Einzelarbeit und Gruppenarbeit.
- Häufige kleine Leistungskontrollen, bei Gruppenarbeit Kontrolle der Gruppen- *und* der Einzelleistung.
- Positive Rückmeldungen geben (auch für persönliche Fortschritte); variantenreich und sehr spezifisch loben.

Prävention durch Unterrichts»fluss«

Eine Unterrichtsstunde dauert, wie eine Fußball-Halbzeit, formell 45 Minuten, und hier wie da gehen tatsächlich viele Minuten durch Unterbrechungen verloren. Im Unterricht sind die Auswirkungen jedoch gravierender: Mangelnder »Fluss« fördert nämlich Disziplinprobleme. Offenbar geschieht dies allerdings auf unmerkliche Weise. Von Lehrkräften jedenfalls wird dieser Zusammenhang kaum erkannt, wie die Umfrage zeigt (vgl. S. 27). Maßnahmen, die die Vermeidung von Unterbrechungen bzw. die Förderung des Unterrichtsflusses betreffen, wurden so gut wie nie vorgeschlagen.

Bei Kounin ist dieser Faktorenkomplex mit »Reibungslosigkeit und Schwung« (smoothmess and momentum) überschrieben. Doch was damit gemeint ist, wird erst so richtig klar, wenn es daran mangelt. Der Mangel besteht in Handlungen, die von den *Schüler/innen* als Unterbrechung des eigentlichen Unterrichts empfunden werden, selbst wenn der/die Unterrichtende nicht untätig ist. Vermieden werden sollte vor allem, die Klasse oder einen Teil der Klasse warten zu lassen, bis es »weitergeht«, oder Dinge zum Thema zu machen, die neben dem eigentlichen Unterricht liegen.

Wartezeiten vermeiden

Säße man mit der Stoppuhr in der Klasse, um zu messen, wie lange alle Unterbrechungen des eigentlichen Unterrichts dauern, so kämen bei manchen Lehrkräften viele Minuten zusammen, bei anderen nur wenige.

Rutter et al. (1980) ermittelten den Anteil der Zeit, den eine Lehrkraft dem eigentlichen Lehrstoff widmete und nicht etwa dem Aufbau von Geräten, der Verteilung von Material, der Herbeiführung von Ruhe und Ordnung usw. Es ergab sich ein deutlicher Zusammenhang mit der Häufigkeit von Störungen: Wo der Anteil effektiver Lehrzeit hoch war, war Fehlverhalten selten; wo der Zeitanteil für Nebenaktivitäten hoch war, gab es mehr Disziplinprobleme. Dass dabei primär das Lehrerverhalten das Schülerhalten bedingt und nicht etwa umgekehrt, zeigt sich am Zeitanteil für die Bereitstellung von Material. Lag diese Quote hoch, häuften sich die Disziplinprobleme. »Ein Lehrer, der *nach* dem offiziellen Beginn der Stunde – d. h. wenn die Schüler bereits ihre Plätze eingenommen hatten – zunächst mit erheblichem Zeitaufwand die anstehenden Material- und Organisationsfragen klärt, muss vermutlich damit rechen, dass die Aufmerksamkeit der Klasse sehr bald nachlässt und dass es im weiteren Verlauf des Unterrichts entsprechend häufiger zu Störungen kommt« (Rutter et al., S. 146).

Schon Kounin hatte festgestellt, dass Unterbrechungen wie das *Austeilen* von Materialien, Laborgerät etc. sowie das *Einsammeln* von Geld, Papieren etc. im Nebeneffekt zu »Unruhe« führen können. Das Verteilen von Arbeitsmaterial ist daher möglichst so zu organisieren, dass es zügig vonstatten geht, und gelegentlich lassen sich Erfordernisse wie das Einsammeln von Geld vielleicht als Pausenaufgabe an einzelne Schüler/innen delegieren. Weiterhin sollten auch *formale Mitteilungen* (zu Änderungen des Stundenplans, zur Abwesenheit von Schüler/innen usw.) nicht wie eine Unterbrechung des Unterrichts wirken. Da all solche Dinge grundsätzlich nicht zu vermeiden sind, ist es immer eine Überlegung wert, an welcher Stelle der Unterrichtstunde man sie platziert oder welche Angelegenheiten sich so bündeln lassen, dass sich in der Summe nur wenig Unterbrechungen ergeben.

Wartezeiten werden überdies vermieden, wenn man für einen *zügigen Wechsel von einer Aktivität zu einer anderen* sorgt. Dazu dienen unter anderem klare Signale für den Beginn und das Ende von Aktivitäten, natürlich für den Beginn der Unterrichtsstunde überhaupt, aber auch für neue Abschnitte. Bei Stillarbeit oder Gruppenarbeit sollten diejenigen, die früher fertig sind, wissen, was sie stattdessen tun können. Auch *klare Instruktionen* sind wichtig für den zügigen Beginn einer neuen Aktivität. »Klar« heißt nicht nur »in verständlicher Sprache«, es kann auch bedeuten: gut sichtbar an der Tafel oder auf dem Arbeitsblatt (statt nur mündlich). So werden Rückfragen an die Lehrkraft (oder an die Nachbarn!) weniger wahrscheinlich; es wird leichter, sofort »loszulegen«.

Das »Warten« betrifft häufig nicht die ganze Klasse, sondern einen *Teil* der Klasse. Wenn man mit Einzelnen *längere Dialoge* führt, bedeutet dies für viele andere möglicherweise bloßes Warten, sofern sie an der Diskussion nicht interessiert sind und es der Lehrkraft nicht gelingt, sie mit einzubeziehen. Ähnlich wäre es, wenn man sich etwa mit einer Gruppe beschäftigt und sich plötzlich einem anderen Schüler zuwendet, der sich heftig meldet. Dann »wartet« die Gruppe auf die »Rückkehr« der Lehrkraft. Erfolgreich führende Lehrkräfte tun häufig zwei Dinge gleichzeitig (»Überlappung«, s. S. 33). In diesem Fall: Sie bleiben bei der Gruppe und signalisieren dem Einzelnen: Ich komme gleich. Oder sie erteilen der Gruppe einen Auftrag, ehe sie sich entfernen. Auf jeden Fall: Die Aktivität der *ganzen Klasse* muss Vorrang haben vor der Beschäftigung mit Einzelnen oder Gruppen.

Eigene »Störungen« unterlassen

Diese Empfehlung mag merkwürdig klingen, aber sie ist ernst gemeint. Wenn man als Störung alle Aktivitäten versteht, die lernbezogenen Unterricht beeinträchtigen, dann muss man sagen: *Viele Lehrer/innen stören ihren eigenen Unterricht!*

Das geschieht ironischerweise unter anderem durch die Reaktion auf Unterrichtsstörungen der Schüler/innen. Wenn z. B. ein Schüler einem anderen das Heft auf den Boden wirft, wenn er vorlaut in den Raum brüllt oder sich demonstrativ laut die Nase putzt, dann dauern diese Störungen jeweils ein paar Sekunden. Nun folgt aber möglicherweise eine langatmige Zurechtweisung: »Wie oft habe ich schon gesagt ...; das ist jetzt schon das dritte Mal, dass du ...; wenn das noch einmal passiert, werde ich deinen Eltern ...« usw. Die aufwändige Kommentierung soll eigentlich Störungen bekämpfen, aber faktisch weitet sie sie noch aus. Durch die Lehrer-Reaktion geht mehr Lernzeit verloren als durch die ursprüngliche Störung. Und die Prävention künftiger Störungen kann und sollte, wie dargelegt, ohnehin anders erreicht werden.

Ähnlich ist es mit anderen Verstößen, die für sich genommen relativ still und unauffällig sind, z. B. wenn sich ein Kind verspätet an seinen Platz schleicht oder ein anderes lange in der Tasche kramt. Solche Vorfälle bilden normalerweise keine störende Unterbrechung des Unterrichts, eine Lehrerpredigt aber durchaus.

Zu erinnern ist weiterhin an sprunghaftes Lehrerverhalten in Form von plötzlichen Äußerungen zu irgendwelchen Nebenaspekten (vgl. S. 34), etwa eine unvermittelte Bemerkung zu einem Blatt Papier auf dem Fußboden oder zur schiefen Sitzhaltung eines Schülers. All dies lenkt von den eigentlichen Lernaktivitäten ab.

Um solche Unterbrechungen zu vermeiden, empfiehlt es sich daher, isolierte kleine Störungen ganz zu ignorieren oder sie nebenbei nichtverbal zu beenden (s. hierzu S. 71 f), vor allem aber, die Schüler/innen zügig zu den Lernaktivitäten zurückzulenken. Doyle (vgl. Doyle 1986, S. 411) stellte fest, dass Lehrkräfte mit Disziplinproblemen dazu neigen, bei auftretenden Störungen vor der ganzen Klasse über die *Störung* zu sprechen und zu tadeln. Erfolgreich führende Lehrkräfte dagegen konzentrieren sich in ihren Kommentaren nicht auf die Störung, sondern auf die *Aufgabe*: Sie sprechen davon, was zu tun ist (»Klaus, mach bitte die Tabelle fertig«).

Um Missverständnissen vorzubeugen: Nicht alle Störungen lassen sich mit Kurzreaktionen erledigen. Bedeutsame Konflikte mit *einzelnen* Schüler/innen sind aber besser in Gesprächen *nach* dem Unterricht zu regeln und bedeutsame Probleme mit der *Klasse* in einer gesonderten Unterrichtsstunde. Davon wird in den weiteren Kapiteln noch die Rede sein. An dieser Stelle sollte es nur um Routinereaktionen »zwischendurch« gehen. Und da zeigt sich, dass manche Lehrer/innen die Störung geradezu ausdehnen, während andere sie schnell beenden und zum eigentlichen Unterricht zurückkehren.

Zusammenfassung: Unterrichtsfluss

- Generell: Den Unterricht wenig unterbrechen, untätiges Warten der Schüler vermeiden.
- Unterbrechungen für Aufbauen, Austeilen, Einsammeln, Organisatorisches usw. minimieren.
- Zügig von einer Aktivität zur anderen wechseln.
- Mit einzelnen Schülern keine langen Dialoge führen, die andere langweilen könnten.
- Eigene »Störungen« durch lange Ermahnungen etc. unterlassen.
- Unwichtige Störungen ignorieren oder nebenbei nonverbal beenden.

Prävention durch Präsenz- und Stoppsignale

Wenn dieser Komplex als letzter behandelt wird, heißt das nicht, dass er weniger bedeutsam ist als die anderen drei. Vielmehr war ein klares Ergebnis der Untersuchungen von Kounin: Lehrkräfte haben »disziplinierte« Klassen, wenn sie »allgegenwärtig«, wenn sie »präsent« sind: Sie zeigen, dass sie merken, was in der Klasse vor sich geht. Kounin benutzt dafür das einprägsame Bild von den »Augen im Hinterkopf«.

Ebenso wie der Unterrichtsfluss ist auch diese Dimension des Lehrerverhaltens sehr unauffällig. In der Umfrage unter Lehrer/innen wurden Verhaltensaspekte, die dieser Dimension zuzuordnen wären, unter 350 Angaben nur dreimal erwähnt (Blickkontakt). Ihre Bedeutung für die Klassendisziplin ist also offenbar schwer zu erkennen. Allerdings verhalten sich vermutlich viele erfolgreich führende Lehrer/innen intuitiv »präsent«.

Die Überschrift »Präsenz- und Stoppsignale« umfasst Verhaltensweisen, die die Störungen entweder ganz *verhindern* oder *im Keim ersticken*. Beides hängt eng zusammen, beides geschieht insbesondere durch Blickkontakt als einer ständigen Gewohnheit. Good und Brophy (1997, S. 165) weisen darauf hin, dass Schüler meist erst zur Lehrkraft schauen, ehe sie etwas Unerlaubtes tun. Fühlen sie sich beobachtet, unterlassen sie das Fehlverhalten ganz oder brechen es ab. Aber es ist nicht sinnvoll, auf jede noch so kleine Störung zu reagieren. Flüchtige Vorgänge, die für die Klasse folgenlos bleiben, *ignoriert* man am besten. Wenn z. B. eine Schülerin einer anderen mal eben etwas zuflüstert und sich sofort wieder dem Unterricht zuwendet, oder wenn ein Schüler unterm Tisch seinen runtergefallenen Anspitzer sucht, wären Reaktionen der Lehrerkraft wahrscheinlich eine größere Unterbrechung als die »Störung« selbst.

Verhindert werden sollen vor allem Störungen, die sich in der Klasse ausbreiten, die also unerwünschte »Wellen-Effekte« hervorrufen könnten. Und dies erreicht man am besten, indem man *frühzeitig* Signale sendet, die genau den »Richtigen« treffen. Weiß man beispielsweise, dass der Schüler Fritz seinen Nachbarn häufig Witze erzählt, dann wäre sein »Schwatzen« schon deshalb zu stoppen, weil sonst kurz darauf in seiner Umgebung Lachen und Grinsen zu erwarten wären.

Nonverbale Signale

Es sind überwiegend nonverbale Signale, die zeigen, dass man präsent ist. Neben einer deutlichen Stimme (s. auch S. 55) gehören hierzu folgende Verhaltensweisen:

- Im Klassenraum so stehen, dass man alles gut überblicken kann.
- Sich gelegentlich im Raum bewegen (nicht nur bei der Kontrolle von Heften o. dgl.).

- Beim Schreiben an der Tafel zwischendurch zur Klasse blicken, sich seitlich zur Tafel stellen (statt mit dem Rücken zur Klasse); in manchen Fällen statt der Tafel den Overhead-Projektor benutzen.
- Während eines Gespräches mit Einzelnen den Blick auch auf die übrige Klasse richten.
- Aufkommende Störungen durch Anblicken, durch die Mimik, durch eine dämpfende Handbewegung oder andere Signale »ersticken«.
- Auf störende Schüler/innen ein paar Schritte zugehen, sie in besonderen Fällen auch antippen.

All dies erfordert in gewissem Grade die *Überlappung* von zwei Tätigkeiten (vgl. S. 33), einer verbalen und einer nichtverbalen. Das verbale Unterrichten vor der Klasse bleibt die Haupttätigkeit, die nonverbale Beeinflussung läuft nebenher. Ähnlich ist es, wenn man sich mit einer Arbeitsgruppe beschäftigt und zwischendurch zu den anderen Gruppen hinüberblickt. Dass nonverbale Präsenz- und Stoppsignale »nebenbei« ausgesendet werden können, ist ein außerordentlicher Vorteil, denn eine Unterbrechung des Unterrichtsflusses soll ja vermieden werden (vgl. S. 65). Man kann eben nicht gleichzeitig mit Schüler A und mit Schüler B Gespräche führen. Aber man kann mit A sprechen und gleichzeitig B ein Handzeichen geben.

Solche nonverbale Beeinflussung muss im Übrigen *überhaupt nicht unfreundlich oder bedrohlich* geschehen. Auf die Blicke und Gesten kommt es an, nicht auf drohende Blicke und Gesten. Die kleinen präventiven Signale sind geradezu eine sanfte Alternative (!) zu den unfreundlichen Anranzern bei bereits eingetretenen Störungen.

Gelegentlich können nonverbale Signale auch zur Haupttätigkeit, sozusagen zu einer kurzen Unterrichtphase, gemacht werden. So haben manche Lehrkräfte beispielsweise die Gewohnheit, als Signal für den Stundenbeginn wortlos mit verschränkten Armen vor der Klasse zu stehen – bis alle zuhören. Selbstverständlich wirken solche Zeichen nicht von selbst, sondern nur, wenn sie der Klasse bekannt sind und die Lehrkraft aufgrund ihres sonstigen Verhaltens ernst genommen wird.

Verbale Signale

Sollten nichtverbale Zeichen in bestimmten Fällen nicht eindeutig sein oder ihren Zweck verfehlen, bleiben nur Worte übrig. Allerdings sollten sie *kurz und knapp* sein, eben wie ein »Signal«, weil längere Bemerkungen (»Warum müsst ihr beiden eigentlich dauernd …«) selber zu einer Störung des Unterrichts werden. Geläufig ist es,

- nur den Namen des Störers auszusprechen;
- knappe, konkrete Aufforderungen auszusprechen (»Erst melden, dann sprechen«.»Olaf, schau hierher«), wobei positive Formulierungen (»hör mir zu«) negativen (»nicht schwatzen«) vorzuziehen sind, weil sie direkter auf das erwünschte Verhalten hinlenken (vgl. S. 69);
- einen Schüler/eine Schülerin, der/die z. B. schwatzt oder sich mit anderen Dingen beschäftigt, einfach zum Thema »dranzunehmen« (»Ines, bist du auch der Meinung, dass das Verhalten des Täters voraussehbar war?«), wobei die Art der Ansprache in erster Linie die Schüler/innen wieder in den Unterricht hineinziehen und nicht etwa Verlegenheit erzeugen soll (wenngleich dies nicht immer ganz zu vermeiden ist).

Etwas umfassender als ein Signal, eher an der Grenze zu einer kleinen Intervention (hierzu Kapitel 3) ist die Methode »*Begrenzen und Bekräftigen*« nach Wahl, Weinert und Huber (1984, S. 410ff). Danach sollten in der Stoppstrategie sieben Kriterien beachtet werden: (1) freundlicher Ton, (2) Anordnung in Form ei-

ner Bitte, (3) frühzeitiges Eingreifen, (4) definierte Toleranz-
grenzen, (5) anfangs häufiges Eingreifen, (6) Beachtung aller
Schüler/innen (7) Bekräftigung des erwünschten Zustandes.
Der eigentliche verbale Eingriff besteht aus zwei Elementen:

- einer kurzen Bitte im Moment der Störung (»Bitte setz dich
  auf deinen Platz«, »Bitte schaut alle zu mir«),
- einer positiven Reaktion sofort nach der Aufhebung der Störung (»Prima, jetzt können wir weiterarbeiten«, »Danke«,
  freundliches Nicken u. dgl.).

Diese zweite Komponente, die *positive Bekräftigung*, ist lernpsychologisch gut begründet und soll das erwünschte Verhalten
fördern, statt lediglich das unerwünschte zu hemmen.

Die anderen genannten Kriterien spezifizieren das Wann und
Wie von Bitte plus Bekräftigung und entsprechen bereits erwähnten Empfehlungen. So sind die »definierten Toleranzgren-
zen« eindeutige Regeln darüber, was erlaubt ist und was nicht.
Ohne sie bleibt die Lehrkraft selbst unsicher, wann sie »begrenzen« darf und muss. Nimmt sie ihre Regeln wirklich ernst, wird
sie überdies darauf achten, dass tatsächlich *alle* sie einhalten,
und daher notfalls einzelne Schüler/innen ansprechen. Viele
Lehrkräfte, so die Erfahrung der Autoren, fahren bereits im Unterricht fort, wenn es zwar leiser geworden ist, aber einige noch
reden (vgl. S. 49). Dass man frühzeitig reagieren sollte, passt
vollkommen zu den Befunden Kounins, dass frühe Reaktionen
wirksamer sind als späte. Bedenkenswert ist das Argument von
Wahl et al. (S. 411), dass es für Lehrer/innen auch leichter ist,
freundlich zu reagieren, wenn sie es frühzeitig tun – weil die
Störung dann ja noch relativ harmlos ist. Dem könnte man hinzufügen, dass gerade in diesem frühen Stadium häufig auch
nichtverbale Signale ausreichen (statt einer Bitte).

Damit sich die Regeln tatsächlich einschleifen, empfehlen die
Autoren überdies, anfangs häufig einzugreifen, bis der er-

wünschte Zustand erreicht ist. »Es gibt also keinen Aufschub und vor allem keine Ausnahme. Für die Schüler erscheint das Lehrerverhalten sehr konsequent; sie unterlassen die Regelverstöße erfahrungsgemäß recht rasch, so dass der Lehrer immer seltener eingreifen muss. Umgekehrt ist für die meisten Lehrer das anfangs häufige Eingreifen sehr ungewohnt. Sie befürchten, im Stoff nicht voranzukommen und das Unterrichtsgeschehen durch das häufige Eingreifen zu ›zerhacken‹. Der rasch eintretende Erfolg erlaubt aber langfristig ein wesentlich effektiveres Unterrichten und Lernen, so dass im Endeffekt die verfügbare Lehrzeit deutlich höher ist« (S. 411). Eine Bestätigung für diese Aussagen lieferte unter anderem ein mehrwöchiger Selbstversuch durch einen der Autoren. Er unterrichtete vier Stunden pro Woche in einer siebten Hauptschulklasse. Das »Begrenzen und Bekräftigen« erwies sich als anstrengend, reduzierte aber die Störungen nach zwei Wochen fast auf null.

Wiederum könnte man ergänzen, dass die »häufigen« Eingriffe zur Etablierung neuer Verhaltensgewohnheiten in der Klasse zumindest nach einiger Zeit zum Gutteil nonverbaler Art sein können und insoweit eine Unterbrechung des Unterrichts ohnehin nicht eintreten muss.

Zusammenfassung: Präsenz- und Stoppsignale

- Standort mit gutem Einblick in die ganze Klasse wählen.
- An der Tafel, im Gespräch mit Einzelnen oder einer Gruppe den Blickkontakt zur übrigen Klasse behalten.
- Sich im Raum bewegen, auf Störer zugehen.
- Bei kleinen Störungen kurze Stoppsignale senden (Blicke, Handbewegung usw.).
- Wenn Worte nötig sind: knappe Aufforderung, danach eventuell Bekräftigung des erwünschten Verhaltens.

Zwei Nachbemerkungen

Eine erfolgreiche Klassenführung gelingt sicherlich nicht erst dann, wenn man *alle* in diesem Kapitel beschriebenen Verhaltensweisen in die Praxis umsetzt. Es ist zu erwarten, dass sich eine geringe Ausprägung in einer der beschriebenen Präventions-Dimensionen durch eine starke Ausprägung in einer anderen ausgleichen lässt. Denn dass es nicht auf einzelne Komponenten der Unterrichtsführung ankommt, sondern eher auf das Gesamtmuster verschiedener Komponenten, weiß man bereits aus Studien zu Lehrkräften, die sich durch besonders große Unterrichtserfolge auszeichnen (z. B. Weinert & Helmke 1996). Solche »Optimallehrer« gleichen sich nämlich keineswegs wie ein Ei dem anderen, sondern sie erreichen ihren Erfolg auf teilweise recht unterschiedlichen Wegen. Was für den Unterricht insgesamt gilt, gilt vermutlich auch für den Unteraspekt der Klassenführung. Manche Lehrkräfte unterrichten vielleicht mit optimalem Unterrichtsfluss, aber relativ geringer Präsenz, während es bei anderen eher umgekehrt ist. Allerdings: Eine gute Klassenführung überhaupt ist in jedem Fall ein bedeutsamer Faktor des Unterrichtserfolgs (vgl. S. 15).

Weiterhin sei noch einmal betont, dass die in diesem Kapitel vorgestellten Präventionsmaßnahmen nicht eine Festlegung auf bestimmte Unterrichtskonzepte bedeuten, sondern mit verschiedenen Varianten des Unterrichtens vereinbar sind. Im Übrigen soll mit der Darstellung empirischer Zusammenhänge und den daraus abgeleiteten Empfehlungen lediglich der Blick für die pädagogischen Handlungsmöglichkeiten *erweitert* werden. Folgerungen für den eigenen Umgang mit Schulklassen muss jede Lehrkraft ohnehin selber ziehen.

Kapitel 3
Intervention bei Konflikten I:
Lehrerzentrierte Strategien

Ging es im vorangehenden Kapitel in erster Linie um Vorbeugung gegen die »kleinen« Beeinträchtigungen des normalen Unterrichtsablaufs, so geht es in diesem und dem nächsten Kapitel um einzelne herausgehobene Konflikte – um Konflikte, die schwerwiegend erscheinen und/oder wiederkehren, so dass sie weder ignoriert werden können noch durch geschickte Klassenführung verschwinden. Es geht mithin nicht um die Prävention, sondern um die Intervention bei bereits aufgetretenen Problemen. Neben Disziplinproblemen können z. B. auch sehr passives Verhalten der Klasse oder Feindseligkeiten unter den Schüler/innen eine Intervention erfordern.

Während bei den zuvor beschriebenen Formen der Prävention die Störungen überwiegend »nebenbei« eingedämmt werden (von der frühzeitigen Einführung von Regeln abgesehen), ist mit »Intervention« gemeint, dass der Unterricht unterbrochen und die Störung explizit zum Thema gemacht wird.

Die Intervention kann entweder (fast) ganz in der Hand der Lehrkraft liegen oder sie kann gemeinsam mit der Klasse erörtert und umgesetzt werden. Die erste Möglichkeit sei hier als *lehrerzentriert* oder *direktiv* bezeichnet und ist Thema dieses Kapitels. Die zweite Möglichkeit, die man *kooperativ* nennen kann, wird in Kapitel 4 besprochen. Zwischen beiden Varianten der Intervention gibt es fließende Übergänge.

Wie schon bei der Prävention stehen auch hier *kollektive* Probleme und kollektiv ausgerichtete Strategien im Vordergrund, und nicht Konflikte mit einzelnen Schüler/innen. Natürlich sind Probleme mit der *Klasse* (oder Teilen der Klasse) nicht immer von *individuellen* Verhaltensauffälligkeiten zu trennen. Aber zu warnen ist vor der verbreiteten Neigung, Probleme übermäßig zu »personalisieren«. Nicht selten nennen Lehrkräfte einzelne Schüler als ihr großes Problem, während bei genauerer Beobachtung auch andere ein ähnliches Verhalten zeigen oder andere indirekt beteiligt sind (z. B. als williges Publikum für Kaspereien).

Doch selbst wenn Störungen in der Klasse vornehmlich von einem einzelnen Schüler in Gang gesetzt werden, stellt sich die Frage, auf welche Weise die Lehrkraft die *Klasse* veranlassen könnte, sich nicht durch den Einzelnen infizieren zu lassen. Oder: Wenn ein einzelnes Kind häufig von Mitschülern gemieden oder angegriffen wird (Außenseiterproblem), so ist zu überlegen, wie man die Mitschüler dazu bringt, sich nicht feindselig zu verhalten. Natürlich ist in beiden Fällen *auch* zu fragen, wie man problematisches Verhalten des »Störers« bzw. des »Außenseiters« verändern kann. Allerdings stößt man dabei oft an die Grenzen pädagogischer Einzelfallhilfe. Nicht selten sind Maßnahmen erforderlich, die über die Schule hinausführen, etwa Sozialarbeit oder professionelle Beratung und Therapie.

Reaktionen im akuten Konflikt

Die Frage »Wie reagiere ich am besten auf eine Störung?« stellen sich nicht nur viele Lehrkräfte, sondern sie war, wie dargestellt, zunächst auch das Thema der Untersuchungen von Kounin. Es kam heraus, dass die Art der Ermahnungen und Zurechtweisungen für die Disziplin, für das Ausmaß von Störungen und Mitarbeit, insgesamt unwesentlich ist. Dennoch bleiben die Reaktionsweisen einer Lehrkraft ein Thema. Denn in *anderer* Hinsicht können sie durchaus bedeutsam sein. Insbesondere ist es für das *Klassenklima* sicher nicht gleichgültig, ob die Ermahnungen einer Lehrkraft gewöhnlich aggressiv klingen oder in sachlichem Ton zu etwas auffordern.

In gewissem Grade kann man das Thema »Lehrerreaktion im akuten Konflikt« als eine Fortsetzung der präventiven Strategie »Präsenz- und Stoppsignale setzen« betrachten, denn frühzeitiges Stoppen, verbal oder nichtverbal, liegt im Übergangsbereich zwischen Prävention und Intervention. Es kommt aber einiges hinzu, vor allem Handlungsweisen, die der Klärung eines Konfliktes und der Lösungssuche dienen.

Grundmuster für viele Situationen

Es gibt einige Reaktionen, die in vielen Situationen sinnvoll sind und insofern als Grundmuster oder Standardreaktionen gelten können. Zu ihnen gehört selbstverständlich
* die direkte Bitte oder Aufforderung, dieses oder jenes zu tun, eventuell mit anschließender positiver Bekräftigung.

Davon war am Ende des letzten Kapitels ausführlicher die Rede. Aufforderungen sind sozusagen der kürzeste Weg zum »richtigen« Verhalten und sie reichen in vielen Fällen aus. In manchen Konflikten mag es aber nötig erscheinen, über die bloße Aufforderung ein wenig hinauszugehen. Zu solchen Ausweitungen gehören insbesondere:
* Begründungen durch den Hinweis auf gültige Regeln (»Erwin, denk daran: Für alle gilt, dass wir über falsche Antworten von Mitschülern nicht lachen.«) oder durch andere Erläuterungen, die auf Einsicht abzielen (»Das ist nicht erlaubt, weil es zu gefährlich ist.«).
* Aufforderungen an den Schüler, die Regel zu nennen, gegen die er gerade verstoßen hat.

Falls ein Vorfall auch eine *Klärung* erfordert, so können verschiedene Reaktionen entweder für die Klärung der Sache oder die Klärung der Gefühle hilfreich sein:

- Fragen nach dem Geschehen (»Wer hat gesehen, wie das passiert ist?«, »Worum streitet ihr euch?«).
- Aktives Zuhören gegenüber den Schüler/innen, das heißt eine Äußerung einfühlenden Verstehens (»Fühlst du dich ungerecht behandelt?«, »Ihr seid enttäuscht darüber, dass …«).
- Ich-Botschaften (»Wenn es so laut ist, bin ich viel zu nervös, um das ordentlich zu erklären«, »Es ärgert mich, wenn …«).

Mit aktivem Zuhören kann man zeigen, dass man die *Empfindungen* der Schüler/innen versteht, auch wenn man mit dem *Verhalten* nicht einverstanden ist. Ich-Botschaften der Lehrkraft machen den Schüler/innen verständlich, warum man ein Verhalten als Problem empfindet und eine Änderung wünscht (vgl. Gordon 1977, Tausch & Tausch 1991).

Andere Reaktionen richten sich primär auf eine *Lösung* des Konfliktes, wobei auch dies eine Lösung in der Sache oder eine »emotionale« Lösung, eine Entschärfung oder »Spannungslösung« sein kann:

- Humorvolle Reaktionen.
- Eigene Vorschläge oder Anweisungen.
- Fragen nach Lösungen, gerichtet an Einzelne oder die Klasse (»Was sollen wir jetzt tun?«).

Die letzte Variante ist natürlich nicht mehr lehrerzentriert, sondern schon kooperativ.

Die genannten Typen möglicher Reaktionen sind keineswegs eine vollständige Liste. Doch was auch immer man tut, bei der Handlungsentscheidung ist zu bedenken, welches *Ziel* man vorrangig verfolgt: die schnelle Rückkehr zum Unterricht und daher die Begrenzung der Störung oder aber eine deutliche erzieherische Einflussnahme. Vor allem bei kleinen Konflikten und solchen mit einzelnen Schülern (statt mit der Klasse) sollte der Unterricht Vorrang haben. Eventuell kann man beide Ziele nacheinander verfolgen, indem man im akuten Augenblick dem

Unterricht den Vorrang gibt und sich nach dem Unterricht um eine nachhaltige Einflussnahme bemüht. Letztlich kommt es in jedem Einzelfall darauf an, wie schwerwiegend und kompliziert der Konflikt ist und wie eilig gehandelt werden muss.

Übungen zur Konfliktanalyse nach Becker

Es ist ein naheliegender Gedanke, sich auf schwierige Praxis-Situationen vorzubereiten, indem man sich konkrete Konfliktfälle ausmalt und sich die Frage stellt: »Was könnte ich da tun?«. Umfangreiches Übungsmaterial von dieser Art bietet Georg E. Beckers Buch »Lehrer lösen Konflikte« (2006 in neuer Fassung). Zahlreiche Fallbeispiele, geordnet nach Problembereichen wie etwa »Provokationen und Regelüberschreitungen«, »Pause und Schulhof«, »Hausaufgabenproblematik«, »Schulmüdigkeit« oder »Sachbeschädigung«, sollen schrittweise analysiert werden, wobei je nach Schweregrad des Konfliktes mehr oder weniger Schritte zu berücksichtigen sind. Beckers vollständige »Handlungsmatrix« umfasst zehn Schritte:

(1) Konflikt auffassen (Ereignis beschreiben).

(2) Relevanz einschätzen, und zwar auf einer Skala von 0 bis 7 (Stufe 0 = Scheinkonflikt, Stufen 1, 2, 3 = Randkonflikt, Stufen 4, 5, 6 = Zentralkonflikt, Stufe 7 = Extremkonflikt).

(3) Analyseschritte wählen/Methode festlegen, und zwar entsprechend dem Relevanzgrad: Bei den Stufen 0 und 1 ist nichts zu tun oder z. B. mit Humor zu reagieren, Konflikte der Stufen 2 und 3 kann die Lehrkraft alleine bewältigen, für die Stufen 4 und 5 sollte sie Gesprächspartner zu Rate ziehen, für Zentralkonflikte der Stufe 6 und Extremkonflikte sind eine Arbeitsgruppe und eventuell auch Fachleute erforderlich.

(4) Nach Ursachen fragen (vor allem nach der Motivation hinter dem Verhalten).

(5) Informationen einholen.

(6) Perspektive wechseln (sich in die Schüler/innen einfühlen).

(7) Zielsetzungen abklären.

(8) Handlungsmöglichen suchen und prüfen.

(9) Handeln.

(10) Feedback.

Die Analyse-Übungen werden in Beckers Buch an einigen Musterbeispielen demonstriert. Das folgende Beispiel steht unter dem Titel *Wir kommen alle ein paar Minuten zu spät* (Becker 2006, S. 86–89; Originaltext in Anführungszeichen).

(1) Konflikt auffassen
»Sie unterrichten als Fachlehrerin Geografie in einer elften Klasse. Am Mittwoch haben Sie in der ersten Stunde Unterricht. Unmittelbar nach dem Klingelzeichen gehen Sie ins Klassenzimmer. Doch die Hälfte der Schüler fehlt noch. Sie setzen sich an den Lehrertisch, schauen sich um und fragen die anwesenden Schüler, ob sie etwas über den Verbleib ihrer Mitschüler wüssten. Da geht die Tür auf und ein Schüler betritt gemächlich das Klassenzimmer, murmelt eine Entschuldigung und sucht seinen Platz auf. Dieses Spiel wiederholt sich innerhalb der nächsten zehn Minuten zwölf Mal. Jeder Schüler bringt eine andere Ausrede.«
(2) Relevanz einschätzen
Die mittlere Einschätzung von 57 Urteilern ergab hier einen Mittelwert von 2,02 (= Randkonflikt). Speziell in diesem Konfliktbeispiel wird ein vorläufiges »Erstverhalten« vorgeschlagen: »Sie schreiben Aufgaben an die Tafel und lassen die schon eingetroffenen Schüler schriftlich arbeiten. Auf diese Weise verschaffen Sie sich Handlungsaufschub.«
(3) Analyseschritte wählen/Methode wählen
Bei Relevanzgrad 2 können die Schritte 5, 7 und 10 entfallen. Zu wählen ist eine Konfliktbewältigung durch die Lehrkraft alleine.
(4) Nach den Ursachen fragen
»Die Schüler haben diese Absprache getroffen, weil sie

- den Unterricht stören möchten,
- den Unterricht langweilig finden,
- sich gegenseitig beweisen möchten, wie mutig sie sind,
- den Lehrer ärgern möchten,
- den Lehrer auf die Probe stellen wollen,
- den Lehrer als nachgiebig und gutmütig kennen.«

(6) Perspektive wechseln

»Die schon *eingetroffenen Schüler* finden das Schauspiel sicher recht amüsant und warten gespannt darauf, wie Sie wohl reagieren werden. Man kann nicht davon ausgehen, dass bei der Stillarbeit viel herauskommt. Als *Lehrer* fühlen Sie sich erheblich gestört, schließlich haben Sie sich auf den Unterricht vorbereitet und möchten die Zeit nutzen. Weiterhin ist anzunehmen, dass Sie zunehmend ärgerlich werden. Auch wird es einige Minuten dauern, bis Sie das Spiel ganz durchschaut haben. Die *eintreffenden Schüler* werden ein gemischtes Gefühl haben. Wahrscheinlich rechnen sie mit irgendwelchen Sanktionen. Die zuletzt kommenden Schüler müssen die mutigsten sein.«

(8) Handlungsmöglichkeiten

... suchen:

»1. Den Unterricht abbrechen und warten, bis alle da sind.

2. Die zu spät kommenden Schüler wieder rauswerfen.

3. Schlechte Noten erteilen.

4. Die zu spät kommenden Schüler ignorieren.

5. Mit allen Schülern über die Situation diskutieren.

6. Eine »Standpauke« halten.

7. Die zu spät kommenden Schüler nachsitzen und nacharbeiten lassen.

8. Die anderen Schüler früher nach Hause schicken.

9. In der großen Pause eine schriftliche Begründung für das Verhalten fordern.

10. Die zu spät gekommenen Schüler im Unterricht verstärkt fordern.

11. Diese Schüler zum Rektor schicken.

12. Die Eltern der Schüler benachrichtigen.

13. Diese Schüler den Unterricht gestalten lassen.

14. Eine Ich-Botschaft aussenden: ›Ich bin über euer Verhalten enttäuscht.‹

15. Die zu spät gekommenen Schüler fragen, wie es weitergehen soll.
... *prüfen:*

zu 1: (–) Dazu besteht keine Veranlassung.

zu 2: (–) Überreaktion, rechtlich nicht haltbar.

zu 3: (–) Überreaktion, wegen eines solchen Randkonfliktes können nicht gleich die Verhaltensnoten herabgesetzt werden.

zu 4: (+) Vorläufig, bis alle da sind, später wird von Ihnen eine Reaktion erwartet.

zu 5: (–) Betrifft schließlich alle, indirekt oder direkt.

zu 6: (–) Typisches ›Paukerverhalten‹.

zu 7: (+)(–) Sofern Sie sich als Lehrer nicht durch die zu investierende Zeit mitbestrafen.

zu 8: (–) Womit hätten sie das verdient? Vielleicht waren diese Schüler nur zu feige, um mitzumachen.

zu 9: (+)(–) Sollte nicht ganz verworfen werden; auf jeden Fall sollte der Versuch gemacht werden, mehr über die Ursachen in Erfahrung zu bringen.

zu 10: (–) Das haben Sie früher als Schüler bei ähnlichen Ereignissen selbst erlebt.

zu 11 und 12: (–) Überreaktion.

zu 13: (+)(–) Wahrscheinlich werden sie überfordert sein.

zu 14: (–) Es besteht die Gefahr, dass Sie sich lächerlich machen, indem sich die Schüler sagen: ›Das ist wohl Ihr Problem‹.

zu 15: (+)(–) Das kann auch etwas unecht wirken, schließlich sind Sie der Lehrer.«

(9) Handeln

»Warten, bis alle Schüler eingetroffen sind, den Unterricht kurz unterbrechen; die Schüler, die zu spät gekommen sind, fragen, wie sie die zu leistende Arbeit nachholen wollen. Die an der Tafel stehende Aufgabe zu Hause bearbeiten lassen. In der Pause zwanglos mit einigen Schülern über die Absprache reden, um in Erfahrung zu bringen, ob mehr als ein Spaß hinter dieser Absprache steckte.

Oder würden Sie ganz anders handeln?«

Das Beispiel soll lediglich das Becker'sche Übungsverfahren illustrieren; es soll zeigen, wie die einzelnen Schritte konkret ausgefüllt werden könnten. Bei der Frage, welche Handlungsideen positiv oder negativ zu bewerten sind, kann man durchaus anderer Ansicht sein als der Verfasser (ich selbst halte etwa die bei Punkt 14 geäußerte Befürchtung für unbegründet, jedenfalls wenn die Lehrkraft im Prinzip ein ungestörtes Verhältnis zu ihrer Klasse hat.)

Die Fallbeispiele in Beckers Sammlung beruhen auf realen Vorkommnissen, sie sind teilweise unterhaltsam und vor allem stimulierend. Unvermeidlich stellt man sich die Frage: Was hätte ich getan? Vermutlich kann man sich auf diese Weise auf manche kritische Situation gedanklich vorbereiten.

Allerdings ist es schwierig, für die vielen unterschiedlichen Situationsbeispiele passende Handlungen im Gedächtnis zu speichern und im kritischen Moment abzurufen. Und es ist gleichfalls schwierig, aus der Vielfalt ein paar Grundmuster abzuleiten, die sich gut übertragen lassen. Insofern ist die Beschäftigung mit solchen Fallbeispielen wohl eine gute Ergänzung zur Beherrschung von Grundmustern, aber kein Ersatz.

Akutreaktionen sind nicht immer Konfliktlösungen

Eine wichtige Frage stellt sich für Grundmuster ebenso wie für fallspezifische Reaktionen. Handlungsideen von der Art, wie sie im vorangehenden Fallbeispiel vorgestellt werden, sind als *Akut*reaktionen zu verstehen. Und zu fragen ist nun: Sind die Akutreaktionen wirklich Beispiele dafür, wie Lehrer/innen Konflikte »lösen«? Bestehen Konfliktlösungen gewöhnlich in einer geschickten Reaktion?

In vielen Fällen sind solche Reaktionen sicher keine Konfliktlösung, und zwar immer dann, wenn ein tieferes Problem dahinter steckt. Konflikte nach Art des Fallbeispiels sind sozusagen

Vorfälle. Und aus der Beschreibung eines bloßen Vorfalls kann man nicht erkennen, ob es sich um ein Einzelereignis handelt oder um ein Glied aus einer Kette wiederkehrender Ereignisse. In diesem Fall wäre außer einer Akutreaktion eine umfassendere Intervention und vorweg wohl auch eine gründliche Diagnose erforderlich.

So ist es zwar sicher hilfreich, für den Fall einer Provokation gegen die Lehrkraft mögliche Reaktionen zu kennen, die das Problem zumindest nicht verschärfen. Aber Provokationen sind, wenn sie sich wiederholen und nicht immer nur von demselben Schüler ausgehen, möglicherweise ein Zeichen für eine tiefere Störung in der Beziehung zur Klasse. Und die ist ohne eine gemeinsame Klärung und Veränderung (siehe Kapitel 4 zu kooperativer Konfliktlösung) wohl kaum dauerhaft zu verbessern.

An einem Beispiel aus älteren Auflagen von Beckers Übungsbuch lässt sich gut illustrieren, inwiefern die eigentliche Konfliktlösung möglicherweise weit mehr ist als eine Akutreaktion. Das Beispiel betrifft die Disziplinthematik und steht unter dem Titel »*Sie sind viel zu gutmütig*« (leicht gekürzt nach Becker 1983/2000, S. 120 u. 123).

»Sie übernehmen ein viertes Schuljahr mit 36 Schülern. Die Schüler sind lebhaft und undiszipliniert, laufen im Zimmer herum, verlassen das Klassenzimmer, ärgern sich gegenseitig, unterhalten sich ungeniert. – Sie möchten die Schüler durch einen auf die Sache gerichteten freundlichen Lehr- und Erziehungsstil überzeugen (…) und nicht durch Strafandrohungen und Strafen disziplinieren. Von Woche zu Woche haben Sie kleine Erfolge zu verzeichnen. (…) Aber dann werden die Verhältnisse wieder chaotisch, man schreit sich gegenseitig an: ›Lass mich in Ruhe!‹, ›Halt dein Maul!‹.
Um das Verhältnis zu den Schülern zu intensivieren und die Klassengemeinschaft zu fördern, führen Sie zum erstmöglichen Zeitpunkt – sobald Sie sich mit dieser Klasse in den Verkehr wagen können – einen Ausflug durch. Auf dem Wege sprechen Sie mit einer Mädchengruppe auch über die Unruhe in der Klasse. Eine sehr stille Schülerin meint

dazu: ›Früher waren wir nicht so laut, da gab es viele Strafarbeiten und wir mussten nachsitzen. Heute ist das anders. Sie brüllen nicht, geben keine Strafarbeiten und keine Ohrfeigen. Da muss es ja so laut sein. Ich meine, Sie sind viel zu gutmütig.‹

Handlungsmöglichkeiten:
1. Sie ziehen andere Saiten auf, greifen hart durch und bestrafen die Schüler (6 %).
2. Sie erklären dem Mädchen, warum sie keine Strafarbeiten und Ohrfeigen austeilen wollen (30 %).
3. Sie greifen die Äußerung der Schülerin am nächsten Tag auf und sprechen mit der ganzen Klasse über diesen Punkt (41 %).
4. Sie lassen sich durch die Äußerung überhaupt nicht beeinflussen, sondern bleiben einfach weiterhin sachlich und freundlich (2 %).
5. Sie lassen alle Schüler am nächsten Tag darüber nachdenken, ob ein geregelter Unterricht nur mit Ohrfeigen möglich ist (13 %).
6. Sie sagen der Schülerin, dass es Ihrer Meinung nach mit der Unruhe schon viel besser geworden ist, und bitten sie mitzuhelfen, damit es noch ruhiger wird (9 %).
Oder: ... (0 %).«

Dass in der Geschichte noch von Ohrfeigen die Rede ist, mag man getrost überlesen. Das Beispiel eignet sich gut für die Frage, wann man vom »Lösen« eines Konfliktes sprechen kann, sofern er nicht in einer momentanen Störung besteht, sondern ein Dauerproblem ist. Von den hier erwähnten sechs Handlungsmöglichkeiten erscheint der Vorschlag 3 (der unter Lehramtsanwärtern die höchste Zustimmung erhielt, s. Prozentzahlen) sicherlich besonders vernünftig und geht möglicherweise in die Richtung einer kooperativen Konfliktlösung (s. Kapitel 4). Allerdings bleibt eben dies noch offen. »Mit der ganzen Klasse sprechen« ist leicht gesagt. Doch wie sieht dies konkret aus? Teilt man der Klasse nur die eigene Meinung mit oder hört man auch Meinungen an? Wie stellt man sicher, dass sich nicht nur die Meinungsführer äußern, sondern auch die Stillen? Versucht man, Hintergründe des Problems aufzuklären? Strebt man Vereinbarungen mit der Klasse an? usw. Es ist also wichtig zu sehen, dass auch eine Reaktion wie Nummer 3, die über die akute Situation hinausgeht, konkrete Vorstellungen von einer umfassenden Konfliktregulierung erfordert.

Noch einmal: In vielen Fällen mag eine akute Konfliktreaktion, etwa die Aufforderung zu einem bestimmten Verhalten, ausreichen. Aber *ob* sie ausreicht, muss man aufmerksam prüfen. Manchmal verschafft eine direkte Reaktion zwar eine momentane Atempause und erweckt den Eindruck, der Konflikt sei gelöst, geht aber tatsächlich am tieferen Problem vorbei und ist insofern eher blindes Probieren. Sofern also das Problemverhalten erneut auftritt, müssten die Hintergründe erkannt werden, z. B. mangelnde Klarheit über gültige Regeln, Missverständnisse, gegenläufige Interessen oder Gefühle wie Ärger, Angst, Langeweile.

ZUSAMMENFASSUNG: AKUTE INTERVENTION

- Direkte Aufforderung; diese gegebenenfalls begründen oder Regel nennen lassen.
- In leichten Konfliktfällen schnelle Rückkehr zum Unterricht anstreben, ebenso bei Konflikten mit Einzelnen (statt mit der Klasse).

Darüber hinaus je nach konkretem Fall eventuell auch:

- Konflikt klären: durch Fragen, aktives Zuhören, Ich-Botschaften, Einfühlung.
- Einflussnahme gegenüber Einzelnen versuchen (vornehmlich außerhalb des Unterrichts; Weiteres s. S. 96).
- In komplizierten Fällen vor endgültiger Intervention Beratung im Kollegium oder mit Fachleuten suchen.
- Falls hinter akutem Vorfall überdauerndes Problem zu vermuten ist, gründliche Diagnose und nachhaltige Maßnahmen anstreben.

Maßnahmen gegenüber der Klasse

Veränderungsversuche, die über die akute Konfrontation hinausreichen und die *künftige* Arbeit verbessern sollen, laufen praktisch auf die Einführung neuer Regeln und Verfahrensweisen hinaus. Damit sie angenommen werden, sind häufig Anreize notwendig.

Regeln klarstellen

Es ist keineswegs selbstverständlich, dass die Schüler/innen immer wissen, was von ihnen erwartet wird. Was ist unerlaubtes Schwatzen? Darf man den Tischnachbarn etwas zuflüstern, wenn es zum Unterricht gehört (z. B. helfen, die richtige Buchseite zu finden)? Ist jeder Mucks verboten, oder kommt es nur darauf an, dass man andere nicht stört?

Manche Lehrer/innen haben ihre Erwartungen nie richtig klargestellt. Andere schaffen durch ihr wechselhaftes Verhalten Unsicherheit darüber, was denn nun gelten soll: Mal lachen sie mit über einen witzigen Zwischenruf, mal schimpfen sie darüber. Oder es gibt Diskrepanzen zwischen den offiziellen Regeln und der tatsächlichen Handhabung; so etwa, wenn Schwatzen eigentlich verboten ist, aber die Lehrkraft tatsächlich im Unterricht fortfährt, sobald die Klasse *halbwegs* leise geworden ist (vgl. S. 49). Solche Handhabungen lehren faktisch, dass die Regeln doch nicht ganz so ernst zu nehmen sind.

Es ist auch möglich, dass die Lehrkraft sich über ihre Erwartungen selbst nicht ganz klar ist. Gewöhnlich weiß man, was einen stört und was man *nicht* will. Aber daraus ergibt sich nicht immer von selbst, was man stattdessen will. Es wäre also wichtig, die Erwartungen in konkreten, positiv formulierten Regeln auszudrücken. Beispiele:

- »Kurzes, leises Flüstern zum Nachbarn ist erlaubt, aber auf jedes andere Schwatzen werde ich sofort reagieren.«
- »Ab jetzt gilt: Erst melden, dann reden. Eine Antwort, die in den Raum gebrüllt wird, zählt nicht; ich übergehe sie einfach, als wäre sie nicht gesagt.«

Darüber hinaus kann man viele weitere Maßnahmen in eigener Regie beschließen und verkünden (»Wir sprechen künftig jeden Freitag über Streitereien in der Klasse«). Solche Änderungen per Anweisung (und möglichst mit Begründung) werden sicher von allen Lehrkräften versucht und reichen zuweilen auch aus, um ein Problem zu lösen.

Anreize für die Klasse

Häufig genügt es aber nicht, bestimmte Verhaltensregeln einzuführen und zu begründen, sondern man muss auch *Anreize* bieten, damit sie eingehalten werden. Die Anreize sind oftmals entscheidende Elemente, um reale Verhaltensänderungen zu erreichen. Daher stehen sie in vielen erprobten Konzepten, die unter dem Titel »Pädagogische Verhaltensmodifikation« zu finden sind (z. B. Rost 1982, Tücke 2005).

Manchen Lehrkräften widerstrebt es, ein Verhalten zu belohnen, das sie eigentlich für selbstverständlich halten. Doch wer sich dagegen sträubt, muss sich fragen lassen: Was ist die Alternative? In der Praxis sind es gewöhnlich endlose Ermahnungen, Drohungen und Bestrafungen. Da sind Anreize und Belohnungen nicht nur der wirksamere, sondern auch der ökonomischere und sozial verträglichere Weg.

Um ihn zu beschreiten, muss man das Augenmerk vom störenden auf das *erwünschte* Verhalten verlagern. Und das ist gar nicht so einfach, denn negatives Verhalten erzwingt die Aufmerksamkeit, weil es so nervt, während positives Verhalten recht unauffällig ist.

Welche Anreize kann man setzen? Das hängt natürlich entscheidend von der Altersstufe, aber auch von Besonderheiten der Klasse ab. Man kann am wirksamsten mit Anreizen arbeiten, wenn man aus Erfahrung weiß, was die Schüler/innen lockt. Weiß man es nicht, kann man sie auch fragen: Was soll die Belohnung sein, wenn wir das schaffen? (Dies wäre schon ein Stück »kooperativer« Intervention). Davon abgesehen gibt es aber einige Anreize, die sich in vielen Klassen einsetzen lassen:

- Spielzeit am Ende der Stunde oder des Tages.
- Beginn der Hausaufgaben bereits in der Schule, wenn der Unterricht problemlos verlief.
- Entlastung von Hausaufgaben.
- Sternchen und andere Formen von Gutpunkten (bei jüngeren Kindern). Solche Punkte kann man auch für einzelne Gruppen, z. B. Tischgruppen, vergeben, was dazu führt, dass sich die Schüler/innen gegenseitig ermahnen, um die Punkte nicht zu gefährden.
- Manchmal reicht es schon, die Reihenfolge von Unterrichtsphasen zu vertauschen. Sind z. B. Rollenspiele beliebt, aber grammatische Übungen unbeliebt, wäre es zweckmäßig, zunächst die Grammatik durchzunehmen und Rollenspiele nur zu beginnen, wenn die Grammatik ohne Störungen erledigt wurde. Eine beliebte Aktivität wird also zur Belohnung für eine unbeliebte gemacht.

Das Arbeiten mit Anreizen enthält zugleich eine wenig aggressive und doch sehr wirksame Möglichkeit der Bestrafung: Sie besteht einfach im Verlust von Belohnungen.

All dies sind im Grunde altbekannte Methoden. In der Praxis »vergessen« aber viele Lehrer/innen das Prinzip der positiven Anreize. Negatives Verhalten ruft eben leider reziprok fast automatisch negative Reaktionen hervor. Man muss wohl als pädagogischer Profi statt als »Mensch« reagieren, um auf der »positiven Schiene« zu arbeiten.

Manche Lehrkräfte befürchten, die Schüler/innen könnten ohne Ende Belohnungen erwarten, wenn man damit erst einmal anfängt. In der Praxis ist das Arbeiten mit äußeren Anreizen jedoch *als Übergangshilfe* zu verstehen, bis sich eine neue Interaktion eingespielt hat und präventive Strategien zur Geltung kommen können.

Bewährte Techniken ermöglichen, die Belohnung allmählich wieder »auszublenden«. Zum einen kann man die Belohnung durch zeitlichen Aufschub nach und nach vom positiven Verhalten »abkoppeln«. Das heißt: Anfangs kommt sie relativ schnell; z. B. werden für die Zielerreichung schon am Ende der Stunde 5 Minuten Spielzeit gewährt. Dann erteilt man kumulierte Belohnungen, etwa 15 Minuten Spielzeit am Ende des Tages, danach eine Spielstunde am Ende der Woche, schließlich ein Sommerfest nach zwei Monaten. Eine zweite Möglichkeit ist es, von anfangs regelmäßiger nach und nach zu gelegentlicher Belohnung überzugehen. Das heißt in diesem Fall: Nur hin und wieder gibt es Spielminuten am Ende der Stunde, aber wann, das ist nicht vorhersehbar, sondern ein Stück Überraschung. Drittens kann sich auch die Art der Belohnung verändern: Statt äußerer Anreize können Lob, Anerkennung und freundliches Nicken immer mehr die Hauptrolle spielen; und gewöhnlich ist das Erreichen der eigentlichen Ziele, nämlich das bessere Klassenklima und die verbesserte Lernsituation, ebenfalls eine »Belohnung« für die Schüler/innen.

Fallbeispiele

In dem folgenden authentischen Fallbeispiel mit dem Titel *Ten green bottles* (McPhillimy 1996, S. 103) werden beide zuvor genannten Prinzipien umgesetzt: Die Klarstellung von Verhaltensregeln und die Motivierung durch Anreize.

Eine Studentin unterrichtete für einige Wochen in einer Klasse mit etwa 12 Jahre alten Schüler/innen und klagte über große Unruhe und lautes Verhalten. Zwei Probleme störten sie besonders: Die Gewohnheit, Antworten rauszuschreien statt sich zu melden, und die Gewohnheit, ohne Erlaubnis und ohne besonderen Grund vom Platz aufzustehen.

Im ersten Schritt machte die Praktikantin der Klasse klar, welches Verhalten sie erwartete. Sie führte zwei Regeln ein: Eine Melderegel und eine Sitzplatzregel. Damit erzielte sie schon eine gewisse Wirkung, aber sie musste noch oft wegen Regelverstößen ermahnen. Überdies nahmen ihr einige Schüler die Ermahnungen übel, worüber sie sich selbst wiederum ärgerte. Da sie die Beziehung zur Klasse nicht gefährden wollte, suchte sie nach einer weniger aversiven Strategie.

Sie entschied sich für eine Belohnungs-Bestrafungs-Kombination, wobei die »Bestrafung« lediglich im Verlust der Belohnung bestand – im Kern war es also eine echte Anreiz-Strategie. Dabei nutzte sie die Beobachtung, dass die Schüler/innen sehr gerne »Jungen-gegen-Mädchen-Quiz« spielten. So versprach sie einige Minuten Quizzeit für das Ende jeder Unterrichtsstunde. (Sie stellte dazu relativ leichte Fragen aus einem Quizbuch für Kinder; es antwortete, wer sich zuerst gemeldet hatte.) Entscheidend war nun, dass die Schüler/innen sich die Zeit für das Quiz verdienen mussten. Die Studentin malte dazu »zehn grüne Flaschen« an die Tafel, die zusammen fünf Minuten Quizzeit symbolisierten. Wenn nun jemand gegen die Melde- oder Sitzplatzregel verstieß, wurde eine Flasche durchgestrichen – eine halbe Minute Verlust. Da die Klasse recht begeistert auf die Idee reagierte, wurde es so durchgeführt.

Mit der Wirkung war die Studentin sehr zufrieden. Die Verstöße gegen die zwei Regeln reduzierten sich so sehr, dass gewöhnlich drei bis vier Minuten das Quiz gespielt werden konnte. Auch andere Störungen gingen zurück. Die Schüler/innen ermahnten sich gegenseitig. Der vielleicht wichtigste Effekt aber war die deutliche Verbesserung des Klassenklimas. Die für beide Seiten ärgerlichen Ermahnungen und Tadel entfielen weitgehend. Stattdessen wurde die Stimmung von dem gemeinsamen positiven Bemühen bestimmt. Die Studentin trug dazu bei, indem sie ihre Freude über jedes Quiz und ihre Enttäuschung über jede »verlorene Flasche« zeigte (»oh, dear«). Nicht zuletzt gewann sie den Eindruck, dass sie in der Klasse gern gesehen wurde.

Ein zweites Beispiel, betitelt *A fresh start* (McPhillimy, S. 106), illustriert nicht nur ein geschicktes Anreizsystem, sondern macht zugleich deutlich, welche Empfindungen und Überlegungen, auch welche inneren Widerstände, bei der Lehrerin eine Rolle spielten, ehe sie eine Methode fand:

Eine Lehrerin kam in eine neue Schule, wo sie eine Klasse mit 10- und 11-jährigen Schüler/innen unterrichten sollte. Hier stand sie plötzlich vor Problemen, die sie aus ihrem Unterricht an der früheren Schule überhaupt nicht kannte: Die Klasse wurde nie richtig ruhig, die Schüler/innen redeten dazwischen, während sie zur Klasse sprach, sie liefen ohne triftigen Grund im Klassenraum herum, störten andere bei der Arbeit, zankten sich um Stifte und Radiergummis usw.

Sie probierte es zunächst mit Ermahnungen, mit Gesprächen, mit kleinen Bestrafungen, aber damit hatte sie wenig Erfolg und sie war unglücklich über ihre »Polizistenrolle«. Sie versuchte dann, die Aufmerksamkeit auf positives Verhalten zu richten und es zu loben, hatte dazu aber bei der Mehrheit der Schüler/innen ihrer Meinung nach wenig Gelegenheiten, so dass sich die Klassensituation auch durch diesen Versuch nicht wesentlich verbesserte.

Von großer Bedeutung war nun, dass die Lehrerin das Verhalten der Schüler/innen zunächst als gegen sich gerichtet ansah. Sie glaubte, dass die Schüler/innen sie nicht mochten und sie absichtlich ärgerten. Erst als sie sich von dieser Sichtweise löste und zu der Erkenntnis kam, dass die Schüler/innen sich vielleicht einfach so verhielten, wie sie es in dieser Schule gewohnt waren, fühlte sie sich bereit, einen regelrechten Neubeginn zu versuchen und ein Umlernen in Gang zu setzen.

Sie erklärte der Klasse, was sie sich ausgedacht hatte. Zuerst bildete sie eine neue Sitzordnung in sechs Gruppen von je fünf Schüler/innen und berücksichtigte dabei Sympathiebeziehungen (hierzu durften alle in geheimer Wahl zwei Namen aufschreiben). Jede Gruppe sollte sich einen Gruppennamen geben und eine Papptafel an die Wand hängen, um dort Sterne einzutragen zu können. Sie erklärte, sie würde versuchen, Fehlverhalten zu ignorieren, und stattdessen für gutes Verhalten Sterne vergeben, und zwar nach folgendem Verfahren: Einzelne konnten für ihre Gruppe immer einen Stern erlangen und die ganze Gruppe immer zwei. Für fünf Sterne gab es einen goldenen Stern und für drei goldene eine besondere Belohnung, nämlich – auf Wunsch der Klasse – Zeit für ein Brettspiel. Immer wenn sie Sterne vergab, begründete sie das mit lobenden Worten (»John hat ein Buch geholt, ohne andere zu stören«, »Die Monster haben ihre Mathekorrekturen pünktlich abgegeben«). Im manchen Fällen zog sie der Gruppe, anders als ursprünglich geplant, für schwerwiegendes Fehlverhalten Punkte ab.

Die Methode hatte großen Erfolg. Das Verhalten der Schüler/innen besserte sich – und vor allem: Das Klassenklima besserte sich und die Lehrerin kam endlich aus ihrer Rolle als ständige Ermahnerin und Nörglerin heraus. Sie führte den Erfolg in erster Linie auf die Gruppenprozesse zurück, nämlich auf interne Anerkennung für alle, die der Gruppe Punkte verschafften, und Tadel für die, die Punkte verdarben. Wichtig erschien ihr weiterhin, dass auch Gruppen, die gegenüber anderen im Rückstand lagen, immer noch eine Chance auf ein nächstes Spiel hatten.

Anzumerken ist, dass auch diese Lehrerin zunächst so dachte wie viele Menschen denken: Dass nämlich vernünftiges Verhalten eine Selbstverständlichkeit sein müsse und nicht extra gewürdigt werden dürfe.

Zusammenfassung: Maßnahmen gegenüber der Klasse

- Regeln auffrischen oder neu einführen, sich selber daran halten.
- Als Übergangshilfe erwünschtes Verhalten durch Anreize bzw. Belohnungen fördern (Bestrafen durch Verlust von Belohnungen).
- Anfangs schnell und regelmäßig belohnen, dann nach und nach verzögert und unregelmäßig belohnen sowie Art der Anreize wechseln.

Maßnahmen gegenüber Einzelnen

Da Schüler/innen sehr unterschiedlich sind und nicht alle in gleicher Weise auf Interventionen gegenüber der ganzen Klasse reagieren, sind manchmal spezielle Maßnahmen gegenüber Einzelnen nötig. Auch hier gilt, dass »positive« Maßnahmen den aversiven vorzuziehen sind. Neben individuellen Anreizen spielen Einzelgespräche eine besondere Rolle.

Anreize für Einzelne

Wenn Lehrer/innen über verhaltensauffällige, »schwierige« Kinder berichten, fügen sie meist hinzu, sie hätten »schon alles versucht«, um damit fertig zu werden: Ermahnungen, Strafarbeiten, Vor-die-Tür-stellen, Umsetzen, Briefe an die Eltern usw. Dann frage ich gerne zurück:»Haben Sie es denn schon mit der schärfsten Waffe probiert – mit Anreizen für gutes Verhalten?« Gewöhnlich stellt sich heraus: Nein, das wurde noch nicht probiert. Aber es ist nun mal so: Positives Verhalten muss sich lohnen!

Erwünschtes Verhalten ist nicht nur unauffälliger als »nerviges«, es scheint bei schwierigen Kindern auch kaum vorzukommen! Tatsächlich ist dies eine Täuschung, denn niemand verhält sich unentwegt störend und antisozial. Es gibt immer auch ruhige, friedliche und konstruktive Minuten. Das Prinzip der Verhaltensmodifikation ist es, diese kleinen Ansätze wahrzunehmen und zu bekräftigen. Mit anderen Worten: Man muss die Kinder bei gutem Verhalten erwischen!

Auf welche Weise kann man belohnen? Das bereits erwähnte Prinzip der Gutpunkte, der Sternchen usw., die individuell vergeben werden, gehört dazu. Denkbar sind weiterhin Belobigungen oder spezielle Würdigungen in Form von Urkunden. Und gelegentlich könnten es auch kleine materielle Belohnungen sein wie z. B. Aufkleber, Stifte oder Taschenbücher (vgl. Evertson, Emmer & Worsham 2000).

Ein typischer Einwand gegen Anreize für Schüler/innen, die Probleme bereiten, lautet, dies sei ungerecht gegenüber jenen, die sich immer brav und diszipliniert verhalten. In der Tat muss vermieden werden, dass von der Anreiz-Methode nur bestimmte Teile der Klasse profitieren können – etwa nur die Leistungsbesten oder nur die Problemkinder. Als Lösung bieten sich hier vor allem zwei Wege an: (1) Belohnungen für alle Schüler/innen, (2) das Belohnen über die Eltern.

Zu (1): Der erste Weg besteht darin, das Arbeiten mit Anreizen zu einem *generellen Prinzip* zu machen, von dem *alle* Schüler/innen der Klasse profitieren können, aber jeweils auf unterschiedliche Weise (Evertson et al. 2000). Das heißt: Alle haben eine Chance auf eine Würdigung oder Belohnung: beispielsweise für eine besondere Leistung *oder* für eine besondere Anstrengung *oder* für einen Dienst an der Klasse *oder* für faires Verhalten – *oder* eben auch für eine Verbesserung im Betragen. Dass Menschen verschieden sind und dass für Lukas eine echte Leistung sein kann, was für Anne selbstverständlich ist, das können auch Kinder verstehen.

Im Übrigen lassen sich Anreize bzw. positive Bekräftigungen manchmal so gestalten, dass sie kaum als solche auffallen, zumindest kaum von anderen als ungerechte Bevorzugung empfunden werden. Das folgende Beispiel stammt aus einem Schulpraktikum, an dem ich als Betreuer beteiligt war. Aus einer kooperativen Intervention mit der ganzen Klasse (s. hierzu Kapitel 4) scherte ein einzelner Schüler aus, so dass auch eine individuelle Maßnahme nötig war.

Der Unterricht in der 6. Klasse verlief regelmäßig sehr chaotisch: Brüllen, Rumlaufen, Kartenspielen usw. waren an der Tagesordnung – und zwar nicht nur, wenn die Studenten unterrichteten, sondern auch bei der Klassenlehrerin. Das Problem konnte durch Klassengespräche und konkrete Vereinbarungen erheblich entschärft werden, wobei auf Wunsch der Mehrheit fünf Minuten freies Spiel am Schluss der Stunde die Belohnung für gutes Verhalten bildeten. Nun gab es aber einen Schüler, den der kollektive Anreiz nicht hinreichend mitzog, der vielmehr weiterhin mit seinen Tischnachbarn schwatzte. Statt ihn mit Strafandrohungen auf den neuen Kurs der Klasse zu drängen, versuchten jene Praktikanten, die den Unterricht beobachteten, durch genaues Hinhören herauszufinden, *was* er schwatzte, und stellten fest, dass er meistens Witze erzählte. Diese Erkenntnis wurde nun positiv genutzt: Wenn er während des Unterrichts nicht geschwatzt hatte, durfte er sich am Schluss der Stunde auf das Lehrerpult setzen und der ganzen Klasse (!) einen Witz erzählen. Diese Bühne ließ er sich nicht entgehen und benahm sich von da an recht diszipliniert.

Im folgenden Beispiel wird zwar nicht direkt ein bestimmter Anreiz gesetzt, aber der Lehrer fördert das erwünschte Verhalten durch positive Reaktionen, und zwar in einer Situation, in der Bestrafungen und Drohungen geradezu »natürlich« erscheinen. Walter Edelmann (2000, S. 78) schildert die Geschichte wie folgt:

»Ich erinnere mich an den Fall eines 13-jährigen Schülers, der ein 6. Schuljahr besuchte. Im Durchschnitt blieb dieser Junge etwa jeden dritten Tag unentschuldigt dem Unterricht fern. Das ›normale‹ Verhalten der meisten Lehrer dürfte folgendes sein: Kommt der Schüler wieder einmal zum Unterricht, wird er getadelt, erhält einen Eintrag ins Klassenbuch und muss u. U. in einer zusätzlichen Unterrichtsstunde (›Nachsitzen‹) einen Teil des versäumten Unterrichtsstoffes nacharbeiten. Dem operanten Verhalten ›Schulbesuch‹ folgt also eine ganze Serie von aversiven Konsequenzen.

In dem geschilderten Fall verhielt sich der Lehrer völlig anders. Möglichst jede noch so kleine schulische Leistung (hat einen Teil der Hausarbeiten erledigt, meldet sich ab und zu usw.) wurde sofort positiv verstärkt. Nach wenigen Wochen war der Schulbesuch absolut regelmäßig und die Leistungen einigermaßen akzeptabel. Lediglich samstags fehlte der Schüler manchmal, da er dann im Haushalt der Eltern arbeiten musste.«

Wenn man die Geschichte so liest, erscheint es recht logisch, dass man den Schüler locken musste, statt ihn mit Drohungen wieder zu vertreiben. Dennoch: Die meisten Lehrer/innen hätten wohl anders reagiert.

Zu (2): Der zweite Weg, individuelle Belohnungen ohne Benachteiligung der restlichen Schüler/innen einzusetzen, verlagert sie vom Klassenraum ins Elternhaus – durch eine *Zusammenarbeit mit den Eltern*. Sofern sie kooperationsbereit sind (was leider für Eltern von Problemkindern nicht immer zutrifft), kann man mit ihnen und dem Kind eine Belohnungsstrategie verabreden. Schafft es das Kind, ein bestimmtes Problemverhalten zu reduzieren oder erwünschtes Verhalten (z. B. Unterrichtsbeiträge, Erledigung von Hausaufgaben) zu steigern, dann teilt die Lehrkraft dies den Eltern mit, und das Kind erhält dafür zu Hause eine Belohnung. Zu Hause, das ist der Vorteil, sind ganz andere und viel individuellere Anreize möglich als in der Schule, z. B. abends länger aufbleiben, mit den Eltern ein Spiel spielen, zusätzliche Fernsehzeit, eine Kinokarte usw. usw. Die gute Nachricht an die Eltern kann eventuell vom Kind selbst überbracht werden – nämlich indem es, nicht ohne Stolz, einen »Goldenen Brief« überreicht, den die Lehrkraft geschrieben und in einen schönen Umschlag gesteckt hat (warum soll es nur »Blaue Briefe« geben?).

Es ist wichtig, nicht schon am Anfang eine totale Verhaltensänderung zu erwarten, sondern bereits Fortschritte in definiertem Umfang (z. B. Verminderung kritischer Handlungen um 20 Prozent) zu belohnen. Nach Erreichen des Zwischenziels werden weitergehende Fortschritte belohnt.

Die unmittelbare Belohnung kann zunächst in Wertmarken, Sternchen oder dergleichen bestehen, die gesammelt und dann in »echte« Belohnungen eingetauscht werden. Gegenüber Einzelnen lassen sich die praktischen Vorteile dieses Verfahrens noch leichter nutzen als gegenüber einer Klasse. Erstens kann man die Symbole fast zu jedem Zeitpunkt ohne großen Aufwand einsetzen. Zweitens hat man zugleich eine Möglichkeit der milden und gerecht erscheinenden Bestrafung: nämlich durch Abzug von Wertpunkten. Und drittens kann man mit diesem Vorgehen relativ leicht aus dem Belohnungsverfahren wieder aussteigen, wenn sich das erwünschte Verhalten eingespielt hat (s. Seite 92): Die regelmäßigen Belohnungen werden nach und nach »ausgeblendet« und durch gelegentliche pauschale Belohnungen zu relativ entfernten Zeitpunkten ersetzt (z. B. zu einem Feiertag oder während der Sommerreise).

Die verbreitete Befürchtung, dass Kinder auf fortwährender auf Belohnung bestünden, ist nicht nur bei geschickter Ausblendung unbegründet. Häufig erlebt das Kind ohnehin schon seine eigenen Fortschritte als belohnend und ebenso auch das verbesserte Familienklima: Die Eltern sind freundlicher als früher, sie widmen ihm mehr Zeit, sie loben mehr, sie schimpfen weniger – was eben so alles eintreten kann, wenn sich eine Familie erst einmal auf das Fördern von erwünschtem Verhalten eingelassen hat.

Für die Eltern kann die Zusammenarbeit mit der Lehrkraft auch so etwas wie eine Erziehungsberatung sein. Viele Eltern von Problemkindern sind ratlos oder erziehen ausschließlich durch Bestrafungen für unerwünschtes Verhalten. Durch die Kooperation lernen sie einen anderen Weg kennen und verbessern damit vielleicht nebenbei das häusliche Klima.

Einzelgespräche

Gespräche mit einzelnen Schüler/innen nach dem Unterricht sind eine weitere, durchaus geläufige Intervention. Wohl jede Lehrkraft praktiziert sie von Zeit zu Zeit. Die Frage ist nur: *Wie?* Wahl, Weinert und Huber (1984, S. 314) machen darauf aufmerksam, dass solche Gespräche häufig einen »eigenartigen Doppelcharakter« haben: Auf der einen Seite soll das Gespräch eine *Klärung* bringen; die Lehrkraft möchte Gründe für das Fehlverhalten erfahren. Dies zeigt sich in Fragen wie »Was ist los mit dir?«, »Warum hast du ...?«, »Kannst du mir erklären, wieso du ...?« usw. Auf der anderen Seite zeigt schon der Ton solcher Fragen, dass der Schüler/die Schülerin ihr Verhalten auf jeden Fall *ändern muss.* Ganz deutlich wird dies dann durch Ermahnungen, Aufforderungen oder Strafandrohungen.

Beides – die Klärung und die Verhaltensänderung – sind berechtigte Anliegen. Aber sie sollten sich in der Gesprächsführung nicht miteinander vermischen. Eine Frage wie »Was ist los mit dir?« klingt eben nicht wirklich nach dem Wunsch, ein Verhalten besser zu verstehen, sondern klingt eher wie eine Anklage. Es ist wenig wahrscheinlich, dass dies den Schüler »öffnet«, es ist wahrscheinlicher, dass er sich verschließt, um bloß nichts zu sagen, was wieder gegen ihn verwendet werden könnte. Hinzu kommt, dass Schüler/innen, wie andere Menschen auch, oft gar nicht so genau wissen, *warum* sie sich so oder so verhalten haben. Dazu bedarf es einer Selbstklärung, und die ist ebenfalls kaum möglich, wenn man sich in einer Abwehrhaltung befindet. Ein Gespräch, das wirklich etwas klären soll, darf daher keine Standpauke und kein Tribunal sein.

Sinnvoller ist es, solche Gespräche in *zwei deutlich unterscheidbare Phasen* zu gliedern:

- Zunächst konzentriert man sich auf eine ehrliche Klärung,
- erst am Schluss oder in einem zweiten Gespräch spricht man über Wege zur Verhaltensänderung.

Zunächst geht es also darum, zu erkunden, »was ist«, womit zwar auch äußere Fakten gemeint sind, vor allem aber die »innere Realität«. Dies erfordert von der Lehrkraft, sich in die Situation des Schülers einzufühlen und seine Empfindungen zu akzeptieren (ohne freilich seine Handlungsweisen gutzuheißen). Um solch ein Gesprächsklima herzustellen, sind schon die *einleitenden Sätze* wichtig. Einfühlung in die Lage des Schülers klingt z. B. aus folgenden Äußerungen (Wahl et al. S. 321):

- »Es ist dir jetzt vermutlich unangenehm, dazubleiben und mit mir sprechen zu müssen.«
- »Du hast jetzt ein wenig Angst, dass ich dir Vorwürfe mache wegen deines Verhaltens in der Stunde.«

Ergänzend kann die Lehrkraft durch Ich-Botschaften die eigene Stimmung beschreiben (S. 322):

- »Ich merke, dass es mir momentan auch schwer fällt, jetzt gleich nach der Stunde mit dir zu sprechen, weil ich meinen Ärger noch spüre.«
- »Für mich ist es auch schwierig, mit dir zu sprechen. Ich bin im Moment sehr angespannt und frage mich, ob ich nicht auch dazu beitrage, dass ich dich heute so unaufmerksam erlebt habe.«

Solche Ich-Botschaften zeigen einerseits Offenheit und vermeiden andererseits einen aggressiven Ton, den der Schüler auf Grund des Konfliktes befürchten dürfte.

Auch im weiteren Gesprächsverlauf sollte das subjektive Erleben des Konfliktes – also die Gefühle, Eindrücke und Gedanken beider Seiten – im Vordergrund stehen (und nicht ein Streit um die objektive Wahrheit). Realisiert wird dies durch eine Gesprächsführung mit einem hohen Anteil von aktivem Zuhören und Ich-Botschaften. Natürlich müssen oftmals auch handfeste Tatsachen zurechtgerückt werden – die *subjektive* Seite bleibt jedoch die entscheidende Realität hinter dem individuellen Handeln sowie hinter der Kommunikation und Beziehung zwischen der Lehrkraft und dem Schüler.

Es ist möglich, dass alleine durch eine solche Klärung (einschließlich einer Selbstklärung) sowie durch das gute Gesprächsklima Verhaltensänderungen eintreten, ohne dass man direkt über eine »Lösung« spricht. Aber auch die *Lösungssuche* ist häufig unverzichtbar und geschieht gegebenenfalls in einem weiteren Gespräch, damit der Schüler sich in der Zwischenzeit selbst Gedanken machen und Vorschläge anbieten kann. Ansonsten gilt, dass die Lehrkraft bestimmte Regeln klarstellen und für die Einhaltung auch Anreize setzen kann. Sofern sie ihren eigenen Anteil an dem Konflikt erkennt, sollten auch Zusagen über eigene Verhaltensänderungen zur Vereinbarung mit dem Schüler gehören.

Selbstverständlich sollte man solche Gespräche nicht »zwischen Tür und Angel« führen. Nötig sind ein ruhiger Zeitpunkt und ein Raum, in dem man nicht von anderen gestört wird. Die Gespräche sind sicherlich zeitaufwändiger als »Ermahnmonologe«, aber sie kommen ja auch nicht so häufig vor.

Das Gespräch steht auch im Zentrum der sog. *Trainingsraum-Methode* (Bründel & Simon 2003, angelehnt an ein Konzept von Edward E. Ford). Ein Schüler, der in einer Unterrichtsstunde zweimal stört, hat sich mit einer Notiz über die Art des Störverhaltens in einen speziellen Raum zu begeben, in dem eine Lehrkraft mit ihm ausführlich über den Vorfall spricht. Das Gesprächziel lautet: Die Schüler/innen zur Selbstreflexion und zur Übernahme von Verantwortung für ihr Verhalten bewegen.

Die Gesprächsprinzipien stimmen mit den bereits beschriebenen überein. Es gibt eine klärende und eine lösungsorientierte Gesprächsphase, es wird auf ein freundliches Gesprächsklima und auf aktives Zuhören Wert gelegt. Darüber hinaus spielt aber auch intensives Nachfragen zu Einzelheiten des Vorfalls eine große Rolle. In der lösungsorientierten Phase soll der Schüler dahin geführt werden, einen eigenen Plan für künftiges Verhalten zu entwerfen und aufzuschreiben.

Die folgenden Ausschnitte aus einem Trainingsraum-gespräch (Bründel & Simon, S. 56–59, Originaltext in Anführungszeichen) sollen das Nachfragen und die Lösungsphase illustrieren:

Britta hat zweimal gestört. Das erste Mal hat sie sich mehrfach zu Martina umgedreht, die zwei Reihen hinter ihr sitzt, und ihr laut etwas zugerufen. Ihre zweite Störung bestand darin, dass sie Martina einen Füller wegriss. Im Trainingsraum wurde sie zunächst ausführlich über die Vorfälle befragt und Britta erzählte, wie sehr sie sich über Martinas Angeberei mit ihrem neuen Füller geärgert habe. Hierzu Beispiele für das Nachfragen der Lehrkraft im Trainingsraum (Bründel & Simon, S. 58):

»*Lehrkraft*: Die anderen haben sich also offensichtlich nicht daran gestört, aber du hast dich geärgert.

Britta: Ja und wie! Ich habe ihr dann zugerufen, sie soll mit der Angeberei aufhören.

Lehrkraft: Wie hast du das gerufen?

Britta: (Britta überlegt) Na ja, hm, ich habe sie eigentlich richtig angeschrieen!

Lehrkraft: Gegen welche Regel hast du denn dann verstoßen?

Britta: Ich passe im Unterricht auf und arbeite mit.

Lehrkraft: Hm, hm. Und wie hat Herr Neumann auf dein Umdrehen und das laute Rufen reagiert?

Britta: Er hat mich ermahnt und mich an die Regeln erinnert. Dann wollte ich ja auch aufpassen.

Lehrkraft: Und was ist dann noch passiert? Irgendwie muss es ja noch zu einer zweiten Störung gekommen sein.«

In der letzten Phase des Gespräches geht es um das künftige Verhalten von Britta (Bründel & Simon, S. 59):

»*Lehrkraft*: Was tust du denn sonst, wenn du dich über jemanden ärgerst?

Britta: Meistens sage ich es dann.

Lehrkraft: Und welche Erfahrungen hast du damit gemacht?

Britta: Na ja, das kommt darauf an, manchmal gute, manchmal nicht so gute.

Lehrkraft: Wovon hängt das deiner Meinung nach ab?

Britta: Wenn ich das wüsste! (Britta überlegt …) Vielleicht von meinem Ton?

Lehrkraft: Ja, das könnte wohl sein! Wie müsstest du es denn z. B. Martina sagen, damit es gut ankommt?

Britta: Wahrscheinlich »ordentlich«.

Lehrkraft: Und was heißt »ordentlich« für dich? Mach doch mal vor!

Britta: Na ja, ich könnte ihr sagen: Martina, es stört mich, wenn du so angibst und es ärgert mich auch.«

Etwas später:

»Lehrkraft: Wenn jetzt wieder mal jemand in der Klasse angibt, wie würdest du dich dann verhalten?

Britta: Ich guck einfach nicht hin und sag ihm in der Pause was dazu!

Lehrkraft: Prima, Britta, könntest du jetzt deinen Plan schreiben?

Britta: Ja, okay.

Britta setzt sich an einen Arbeitstisch und schreibt ihren Plan: ›Wenn jemand in der Klasse mit irgendwas angibt und ich mich darüber ärgere, dann beteilige ich mich weiter am Unterricht und warte einen passenden Moment ab, um ihm meinen Ärger mitzuteilen, z. B. in der Pause. Mich am Unterricht beteiligen heißt: nach vorne gucken, mich melden und schriftlich mitarbeiten.‹

Lehrkraft: Gut Britta, dann zeig diesen Plan Herrn Neumann und erkundige dich auch nach den Hausaufgaben. Tschüss.«

Die Zielsetzung der Trainingsraum-Methode und die Art der Gesprächsführung sind sicherlich einleuchtend. Auch dass nicht die direkt betroffene (und womöglich verärgerte) Lehrkraft, sondern eine Kollegin/ein Kollege das Gespräch führt, könnte in manchen Fällen zweckmäßig sein.

Andere Elemente des Konzeptes hingegen sind meines Erachtens problematisch. Zuallererst ist zu bemängeln, dass der Unterricht für jeden Störer zweimal unterbrochen wird. Bei der *zweiten* Störung werden, wie erwähnt, die Regelverstöße festgestellt und auf einem Laufzettel notiert. Doch schon bei der *ersten* Störung wird ein individueller Dialog geführt, und zwar werden dem störenden Schüler häufig fünf, mindestens aber drei Fragen gestellt: »Was machst du?«, »Wie lautet die Regel?«, »Wenn du wieder störst, was passiert dann?« (Bründel & Simon, S. 43). Wie früher berichtete Forschungen (s. S. 69) gezeigt haben, ist der Unterrichtsfluss ein bedeutsamer Faktor sowohl für die Störungsprävention als auch für den Lernerfolg (Ausnutzung der Lernzeit). Den Unterricht für die *ganze Klasse* zu unterbrechen, um mit einem *Einzelnen* über sein Störverhalten zu sprechen, widerspricht diesen Befunden ganz eindeutig, zumal die Methode ausdrücklich nicht nur für schwerwiegende Verstöße, sondern auch für die kleinen Störungen empfohlen wird (Bründel & Simon, S. 51, S. 127), darunter sogar für solche, die man eigentlich mit einer Handbewegung beenden könnte (z. B. mit dem Bleistift klopfen).

Als weiteres Problem kommt hinzu, dass der Störer selbst für einen beachtlichen Teil der Stunde dem Unterricht völlig entzogen wird. Nicht zu übersehen ist schließlich der zusätzliche Aufwand für das Lehrerkollegium, wenn es sicherstellen will, dass immer eine Lehrkraft im Trainingsraum ansprechbar ist.

Eine gewisse Störungsreduktion durch die Trainingsraum-Methode ist durchaus zu erwarten, schon deshalb, weil hier das gesamte Kollegium an einem Strang zieht. Um jedoch ein dermaßen aufwändiges und Lernzeit verbrauchendes Verfahren zu rechtfertigen, müsste es für die alltägliche Störungsreduktion und den Lernerfolg deutlich effektiver sein als jene präventiven Strategien, die einfach Bestandteil der normalen Unterrichtsführung sind und deren Wirksamkeit empirisch erwiesen ist (breite Aktivierung, Unterrichtsfluss und Präsenz). Dafür gibt es keinen Beleg und es ist auch unwahrscheinlich, dass er erbracht werden kann.

Überdies sei noch einmal daran erinnert (s. S. 19), dass das Ausmaß von Unterrichtsstörungen mehr von der Klassenführung als von den jeweiligen Schüler/innen abhängt und insofern Konzepte zur Störungseindämmung, die ausschließlich auf die

Störer und nicht auf das Lehrerverhalten zielen, relativ oberflächlich sind.

Fazit: Gespräche nach Art der Trainingsraum-Methode können sicherlich sinnvoll eingesetzt werden, aber nicht als alltägliches Verfahren, sondern nur in gravierenden Fällen und auch nicht während der Unterrichtsstunde, sondern zu einem späteren Zeitpunkt.

ZUSAMMENFASSUNG: MASSNAHMEN GEGENÜBER EINZELNEN

Anreize:
- Das erwünschte Verhalten durch Anreize bzw. Belohnungen (in weitem Sinne) fördern, durch Verlust der Belohnung bestrafen.
- Im Rahmen eines Verfahrens belohnen, in dem prinzipiell alle Kinder eine Chance auf Belohnungen haben oder mit den Eltern kooperieren und diese individuell besonders attraktive Anreize vergeben lassen.
- Anfangs schnell und regelmäßig belohnen, dann unregelmäßiger, verzögert und kumulativ.

Gespräche:
- Einzelgespräche außerhalb des Unterrichts führen.
- Im Gespräch zunächst Akzent auf emotionale und sachliche Klärung legen (durch aktives Zuhören, Ich-Botschaften, genaues Nachfragen).
- In späterer Gesprächsphase Akzent auf künftiges Verhalten legen, genaue Vereinbarung treffen (eventuell schriftlich).

Nach Bedarf: Hilfen für die Problemdiagnose

In vielen Fällen ist das Problem selbst nicht klar genug, um gezielt intervenieren zu können. Dann empfiehlt es sich, zunächst einmal einigermaßen systematisch zu diagnostizieren. Was sollte bei einer Diagnose erfasst werden? Das Minimum wäre eine *Spezifizierung* des problematischen Verhaltens: Worin genau besteht beispielsweise die »Unruhe« oder die »Feindseligkeit«? Sucht man darüber hinaus nach *Erklärungen* für dieses Verhalten, so ist es wichtig, nicht nur die auffälligen *Personen*, sondern auch die *Kontextfaktoren* zu betrachten: Bei welchen *situativen* Faktoren tritt das Verhalten typischerweise auf (etwa bei bestimmten Aufgaben oder Unterrichtsformen, im Klassenraum, auf dem Pausenhof?), in welchen *inter*personalen Konstellationen tritt es auf (allein, in der Gruppe, gegenüber wem?), und wie beeinflussen sich die Beteiligten gegenseitig (Interaktion)?

SUCHBEREICHE FÜR EINE PROBLEMDIAGNOSE:

Aussagen über
– das problematische *Verhalten* selbst:
 Was genau tut die Person?
– die *Kontextfaktoren*:
 Wann und wo tritt das Verhalten auf? Bei welchen externen, *situativen* Faktoren (bestimmte Anlässe, Orte etc.)?
 In welchen *interpersonalen* Konstellationen und Interaktionen (gegenüber wem, mit wem, mit welcher wechselseitigen Beeinflussung)?
– die *Person(en)*:
 Was ist anscheinend typisch für X oder Y (Fähigkeiten, Defizite, Vorlieben, Abneigungen etc.)?

Vielleicht entdeckt man erklärende Faktoren, aus denen sich etwas machen lässt, beispielsweise wenn man bei einem Schüler Bedürfnisse erkennt, die man für passende Anreize nutzen kann, oder wenn man situative Bedingungen des Auftretens registriert, die sich verändern lassen. Zur Klärung können mehrere relativ einfache diagnostische Hilfen beitragen: 1. die Beschreibung des Problems, 2. die gezielte Beobachtung, 3. die Selbstreflexion, 4. der Perspektivenwechsel, 5. die Befragung.

Problembeschreibung

Eine wenig aufwändige Methode ist zunächst einmal die Beschreibung des Problems. Gemeint ist damit eine nüchterne Schilderung der eigenen Beobachtungen – ohne Wertungen, ohne Deutungen, ohne Schuldzuweisungen. Diese »ohne«-Hinweise sind nicht überflüssig, weil störendes Verhalten fast zwangsläufig negative Gefühle und Urteile sowie subjektive Erklärungen hervorruft.

Das folgende Beispiel mag auf den ersten Blick wie eine Problembeschreibung aussehen, ist es aber nur sehr begrenzt:

In meiner Klasse sind drei verhaltensgestörte Kinder, zwei Jungen und ein Mädchen. Einer der Jungen, Kevin, kommt aus einem sehr problematischen Elternhaus und versucht in der Schule, seine Minderwertigkeitsgefühle zu kompensieren. Er ist mit seinem Verhalten wirklich schwer zu ertragen. Der Junge bringt selten gute Unterrichtsbeiträge, aber er hat ein starkes Bedürfnis nach Beachtung und versucht ständig, im Mittelpunkt zu stehen. Wenn andere etwas sagen, brabbelt er dazwischen oder macht irgendwelche Grimassen zu anderen Kindern, so dass die lachen. Besonders auf ein leistungsstarkes Mädchen am Tisch vor ihm ist er so neidisch, dass er sofort irgendwelche hässlichen Sprüche macht, sobald sie sich zu Wort meldet. Wenn ich eine Aufgabe für die Stillarbeit stelle, braucht er erst eine persönliche Einladung von mir, damit er an die Arbeit geht.

Die Schilderung geht über bloßes Beschreiben weit hinaus: »verhaltensgestört«, »problematisches Elternhaus«, »Minderwertigkeitsgefühle kompensieren«, »schwer zu ertragen«, »Bedürfnis nach Beachtung«, »im Mittelpunkt stehen wollen«, »Neid auf die Mitschülerin« – das sind teilweise Erklärungsversuche, teilweise Wertungen. Den Charakter einer Beschreibung gewinnen die Aussagen erst mit dem Satz »Wenn andere etwas sagen …«. Dort hätte es allerdings noch etwas konkreter sein sollen.

Die Beschreibung soll so neutral sein, dass eine andere Person sich ein Bild über die tatsächlichen Abläufe machen und auf dieser Basis zu eigenen Interpretationen gelangen kann. In unserem Beispiel könnte die nüchterne Beschreibung etwa so klingen:

Es war heute in der Englischstunde. Als ich eine Frage stellte und eine Schülerin drannahm, rief Kevin mehrmals »piss off« dazwischen, während die Schülerin sprach. Das hat er, glaube ich, heute dreimal gemacht, nicht nur gegenüber dieser Schülerin. Aber bei ihr hat er auch früher schon Bemerkungen gemacht wie »die schon wieder«. Ich habe heute jedes Mal mit »Kevin, shut up« reagiert, dann hat er zwar aufgehört, aber es kurz darauf erneut gemacht. Andere Schüler haben über seinen Zwischenruf gelacht. Genau genommen sind es vor allem zwei andere Jungen, die heftig darüber gelacht haben. Ich habe dann Kevins vergnügtes Gesicht gesehen. Das geht allerdings auch umgekehrt; er lacht auch oft über deren Bemerkungen. Als ich die Aufgaben für die Stillarbeit stellte, blieb er erst ganz passiv, so dass ich zweimal zu ihm gegangen bin und ihn aufgefordert habe, den Lückentext zu bearbeiten. So etwas ist schon in vielen Stunden vorgekommen.

Direkt wahrnehmbar sind die kritischen *Verhaltensweisen*, die (Verhaltens-)*Interaktion* mit anderen Personen und *Situationsfaktoren*. Darauf konzentriert sich hier die Problembeschreibung, wenngleich manchmal notgedrungen nur ungenau (z. B. in »vielen« Stunden). Sie lässt noch offen, welchem Bedürfnis das Verhalten entspringt und welche Rolle das Elternhaus spielt. Stattdessen wird das Verhalten des Schülers genauer beschrieben und auch das eigene Verhalten der Lehrerin! Außerdem werden die relevanten Situationen genauer benannt. Hinzu kommt eine Spezifizierung des Verhaltens von Mitschülern. Nicht »die« Mitschüler lachen, sondern primär nur zwei, und das geschieht offenbar wechselseitig.

Die Art der Problembeschreibung kann Folgen haben für die Erklärung des Verhaltens und mögliche Ansätze zur Veränderung. In unserem Beispiel wird vermutlich mit der zweiten Version die Festlegung auf eine psychische Störung des Kindes zumindest gelockert. Stattdessen wird der Blick geöffnet für den Einfluss, den die Lehrerin selbst sowie bestimmte Mitschüler ausüben. Aus einem reinen Person-Problem wird dann zumindest teilweise ein Interaktions-Problem. All dies müsste im konkreten Fall durch weitere Beobachtungen und Befragungen erhärtet werden. Wir wissen z. B. nicht, wie sich der Junge bei anderen Lehrkräften und in anderen Fächern verhält.

Eine Problembeschreibung kann man für eigene Reflexionen nutzen, man kann sie aber auch anderen Lehrkräften mit der Bitte um ihre Einschätzung übergeben.

Gezielte Beobachtung

Die gezielte Beobachtung dient der gründlichen Erkundung von Tatsachen und ist somit eine Erweiterung und Vertiefung der Problembeschreibung. Naturgemäß ist sie auch aufwändiger als die vergleichsweise formlose Beschreibung. Aber in manchen Fällen ist sie für eine gute Diagnose einfach notwendig. Klagt z. B. eine Lehrkraft über »häufige Unruhe« oder »mangelnde Beteiligung«, so wäre es wichtig, dies zu präzisieren.

Im Falle der »Unruhe« könnte dies heißen:
– Aus *welchen Verhaltensweisen* besteht die Unruhe? Lautes Rufen? Herumlaufen? Getuschel?

- *Wann* tritt die »Unruhe« auf? Am Stundenbeginn? Am Stundenende? Die ganze Stunde ohne Unterbrechung? Bei Fragen an die Klasse? Bei Gruppenarbeit? Bei Stillarbeit? Bei Diskussionen? Während die Lehrkraft auf die Tafel schaut? Oder bei welchen Anlässen?
- *Wer* ist an der Unruhe beteiligt? Wirklich alle oder die meisten? Oder, genau besehen, einige wenige?

Ähnlich wäre auch »mangelnde Beteiligung« zu konkretisieren:
- Heißt das: Niemand meldet sich? Drangenommene antworten nur sehr einsilbig? Die Hausaufgaben werden nicht gemacht? Oder was sonst?
- Zeigt sich »mangelnde Beteiligung« in Unterrichtsgesprächen? Bei Gruppenarbeit? Bei Stillarbeit? Bei Diskussionen? Beim Abfragen?
- Gilt es gleichmäßig für alle? Oder für viele? Wie viele?

In beiden Fällen können Beobachtungen das Geschehen transparenter machen. Manchmal kann es schon helfen, einmal über solche Konkretisierungen nachzudenken und im Unterricht darauf zu achten.

Genauer ist es, zu bestimmten Aspekten Notizen oder Strichlisten anzufertigen. Sie sollten die folgenden drei Elemente enthalten:

- die Art der Situation/des Anlasses,
- die Art des Verhaltens,
- nach Möglichkeit auch die Konsequenzen, die auf das kritische Verhalten folgen.

Für das kritische *Schüler*verhalten kann das *Lehrer*verhalten sowohl ein vorangegangener Anlass sein (z. B. eine Frage oder Aufgabe stellen) als auch eine nachfolgende Konsequenz (z. B. Bewertung, Zuwendung). Von großem Interesse sind vor allem Konsequenzen, die das kritische Verhalten möglicherweise positiv bekräftigen. Sollte beispielsweise die folgende Sequenz häufiger vorkommen, liegt die Vermutung nahe, dass die Beachtung und Zuwendung durch die Lehrkraft das unselbstständige Verhalten von X ungewollt fördern:

Situation/Anlass	Schülerverhalten	Konsequenz
Ich habe gerade Arbeitsblätter verteilt.	X ruft: »Was soll ich da denn machen?«	Ich gehe zu ihm, erkläre es ihm persönlich.

Wenn das Problemverhalten nur selten vorkommt, kann die Lehrkraft selbst nebenbei eine Strichliste führen oder nachträglich Notizen machen. In anderen Fällen geht es kaum ohne eine weitere Person, die sich als Beobachter in die Klasse setzt (weitere Anregungen bei Wahl, Weinert & Huber 1984).

Aufschlussreich ist es übrigens nicht nur, wenn man herausfindet, wann das kritische Verhalten auftritt, sondern auch, wann es *nicht* auftritt, wann der Unterricht problemlos verläuft. Denn daraus lassen sich eventuell nützliche Schlüsse ziehen.

Selbstreflexion

Hilfreich ist fast immer, sich selbst in die Problemanalyse einzubeziehen. In den Selbstreflexionen könnte es unter anderem um folgende Fragen gehen:

- Wie empfinde ich das Problem? Warum macht es mir so viel aus?
- Wie bin ich bisher damit umgegangen? Habe ich durch mein Verhalten möglicherweise zu dem Problem beigetragen?
- Habe ich ein konkretes Ziel vor Augen, das ich erreichen möchte?

Das Nachdenken über sich selbst und den eigenen Anteil ist deshalb so hilfreich, weil man bei sich selbst am leichtesten etwas ändern kann – selbst dann, wenn man selbst nicht das »eigentliche« Problem ist. Ein Schüler, der gegenüber verschiedenen Lehrkräften zu provozierenden Bemerkungen neigt, ist wohl das »eigentliche« Problem. Dennoch hängt es auch von den jeweiligen Lehrerreaktionen ab, ob das Problem sich noch verschlimmert oder begrenzt wird.

Wer bei Problemen mit der Klasse mehr über den eigenen Anteil erfahren möchte, kann eventuell einen Fragebogen für die Schüler/innen entwerfen, der auch Fragen zum Lehrerverhalten enthält.

Perspektivenwechsel

Als weiteren Weg empfehlen Wahl, Weinert & Huber (1984) sowie Becker (2006) den Perspektivenwechsel. Damit ist gemeint, dass man sich in die anderen beteiligten Personen hineinversetzt und das Problem aus deren Warte zu sehen versucht.

Beispiel: Ein Schüler macht provozierende Bemerkungen gegenüber der Lehrerin. Der Perspektivenwechsel könnte verschiedene Vermutungen (es sind nur Vermutungen!) ergeben. Für den *provozierenden Schüler* könnte sich die Lehrerin z. B. vorstellen:
– Der Schüler genießt es, wenn die Mitschüler über seine Bemerkungen lachen.
– Er möchte sich rächen für Benotungen, die er als ungerecht empfand.
– Er macht es häufig, nachdem ich ihn getadelt habe; das will er nicht auf sich sitzen lassen.
– Das ist seine Form von »Stärke«.
– Er hat nichts mehr zu verlieren und verfährt nach dem Motto »Ist der Ruf erst ruiniert, lebt's sich gänzlich ungeniert«.

Auch die *Mitschüler* sind Beteiligte, zumindest als Publikum; bei ihnen wäre z. B. denkbar:
– Sie freuen sich über die Bemerkungen, weil sie sie witzig finden.
– Sie nehmen die Provokationen als willkommene Abwechslung in langweiligen Stunden.
– Sie würden gerne ähnliche Bemerkungen machen, weil sie mich als Lehrerin nicht mögen.
– Sie empfinden die Situation als peinlich.

Ein Perspektivenwechsel kann Erklärungen fördern und Ansatzpunkte liefern. In dem Beispiel kann aufgrund der Einfühlung die Frage aufkommen, ob die eigenen Reaktionen (z. B. Ärgerreaktionen) vom Schüler womöglich als Erfolg erlebt werden und deshalb andere Reaktionen (z. B. Ignorieren) günstiger sein könnten. Weiterhin kann das Nachdenken über die Schülerperspektive auch dahin führen, dass man eine gründlichere Klärung durch Gespräche bzw. Befragungen sucht.

Befragung

Das Verhalten und die Kontextbedingungen lassen sich durch Beobachtung ermitteln. Um aber Genaueres über das »Innenleben« von Menschen zu erfahren, über ihre Gedanken und Gefühle, kommt man ohne ihre Mitteilungen nicht aus. Solche Auskünfte können schriftlich über Fragebögen und freie Formulierungen gewonnen werden oder mündlich durch Gespräche und Interviews.

Von *Einzelgesprächen* war bereits die Rede. Noch einmal sei betont: Wenn sie zur Klärung beitragen, wenn sie eine diagnostische Hilfe sein sollen, dann dürfen solche Gespräche – auch in heftigen Konflikten – nicht in der Tonart einer Anklage oder eines Verhörs geführt werden. Sehr wichtig ist das Bemühen um ein präzises und einfühlendes Verstehen, weshalb das Gespräch einen hohen Anteil von aktivem Zuhören enthalten sollte (s. auch S. 80):

– »Du warst also sehr sauer über die Bemerkung von Kalle.«
– »Wenn ich es richtig verstehe, hattest du erwartet, dass ...«
– »Fürchtet ihr also, dass ihr unter zu großen Zeitdruck geratet?«

Gespräche mit der ganzen Klasse werden gewöhnlich in der Form einer Diskussion geführt, in der sich alle Schüler/innen äußern oder auch nicht äußern können, und zwar – je nach der Art der Gesprächslenkung – gezielt zu bestimmten Fragen oder zu allem, was sie gerne sagen möchten. Ein Vorteil solcher Gespräche ist sicher, dass sie jederzeit ohne organisatorischen Aufwand geführt werden können. Ein Nachteil liegt in dem bekannten Problem eines jeden Unterrichts: in der ungleichen Beteiligung. Einige melden sich gern zu Wort, andere gar nicht. Hemmungen gegenüber der Lehrkraft oder auch gegenüber Mitschülern können ein Grund sein, sich nicht zu äußern. Doch in jedem Fall gilt: Auch im Gespräch mit der ganzen Klasse kann eine verstehende Haltung mit ermunternder Mimik und aktivem Zuhören offene Mitteilungen erleichtern.

Eine interessante Alternative ist das »Reporterspiel« mit mündlichen Interviews (Wahl, Weinert & Huber 1984). Zunächst notieren alle Schüler/innen Fragen zur Situation in der Klasse (»Warum ist es bei uns so laut?«, »Warum ärgert Andreas andere Kinder?« usw.). Dann stellen sich zwei »Reporterteams« mit Rekorder und Mikrofon in zwei Ecken des Klassenraums auf. Die anderen Schüler/innen kommen als Passanten vorbei. Einige von ihnen werden zu den eingereichten Fragen interviewt. Die Antworten bilden dann eine Grundlage für eine Klassendiskussion. Die Lehrkraft kann bei dieser Art der Befragung weitgehend »draußen« bleiben.

Auch *schriftliche* Befragungen gibt es in verschiedenen Varianten. Die einfachste: Alle Schüler/innen schreiben zu einer bestimmten Frage in *freier Formulierung* ihre Meinungen und Ideen anonym auf Zettel oder Karten. Diese werden eingesammelt und von der Lehrkraft ausgewertet. Da die Handschrift die Anonymität teilweise aufhebt, kann auch eine Gruppe von Schüler/innen die Auswertung übernehmen.

Eine solche Auswertung entfällt bei der Methode der »*Wandzeitung*« (Wahl 1982, S. 70): Mehrere Schüler/innen schließen sich jeweils (nach eigener Präferenz) zu einer Gruppe zusammen und schreiben ihre Meinungen mit dicken Stiften auf große Blätter, die dann aufgehängt werden. Anschließend wandern alle durch den Klassenraum und lesen die Wandzeitungen der anderen Gruppen. Auf dieser Grundlage, so Wahl, entsteht meist eine sehr lebendige Diskussion im großen Kreis.

Eine sehr strukturierte und gezielte Befragung ermöglicht ein *Fragebogen* mit vorgegebenen Antwortmöglichkeiten. Die Auszählung angekreuzter Antworten ist einfach und überdies ist auch die Anonymität gewährleistet. Gemeint sind hier allerdings keine standardisierten, sondern selbst entworfene Fragebögen, die auf das aktuelle Problem der Klasse zugeschnitten sind. So ein Fragebogen muss natürlich gut durchdacht sein, damit alle wichtigen Aspekte abgedeckt werden. Daher kann es nützlich sein, mit anderen Lehrkräften zusammenzuarbeiten; gegebenenfalls können auch die Schüler/innen Fragen beisteuern. Nach der Auswertung und der Mitteilung der Ergebnisse werden mit der Klasse Gespräche geführt, in denen – neben der Erörterung von praktischen Konsequenzen – eventuelle offene Stellen der schriftlichen Befragung nachträglich gefüllt werden können.

Da eine Diagnose mittels mündlicher oder schriftlicher Befragung der Schüler/innen deren Mitwirkung einschließt, handelt es sich nicht mehr um einen rein lehrerzentrierten, sondern einen kommunikativen und kooperativen Weg; er wird daher bevorzugt im Rahmen kooperativer Interventionen gewählt. Beispiele für Fragebögen zu bestimmten Klassenproblemen sind aus diesem Grunde in Kapitel 4 zu finden (S. 128, S. 138).

Kapitel 4
Intervention bei Konflikten II:
Kooperative Strategien

Bei den zuvor erörterten Strategien fragen Lehrer/innen sich selbst, welche Maßnahmen sie ergreifen können, vielleicht fragen sie auch eine hilfreiche Kollegin, aber nicht (oder kaum) die Schüler/innen. Wie dargestellt, wird dies in vielen Fällen durchaus funktionieren. Man kann von sich aus Regeln klarstellen oder Anreize setzen, und falls man erkennt, dass man präventive Strategien der Unterrichtsführung (s. Kapitel 2) nicht beachtet hat, kann man versuchen, neue Verhaltensgewohnheiten einzuüben.

Doch in vielen Fällen ist ein Problem nicht allein durch eigenes Nachdenken zu verstehen und eine Änderung nicht allein aus eigener Entscheidungsmacht herbeizuführen. Es kommt nicht selten vor, dass die Handlungen ins Leere laufen oder das Problem noch verschärfen, wenn man nicht weiß, wie die Schüler/innen über das Problem denken, und sie nicht an den Entscheidungen beteiligt werden. Für kooperative Verfahren ist daher kennzeichnend, dass die Lehrkraft versucht, das Problem *gemeinsam* mit der Klasse zu lösen. Kooperatives Vorgehen vermeidet nicht nur, eine Lösung *gegen* die Klasse durchzusetzen (das tun auch die beschriebenen direktiven, lehrergesteuerten Strategien nicht), sondern es vermeidet auch, Entscheidungen *ohne* die Klasse zu treffen.

Zugespitzt formuliert lautet die Grundhaltung bei lehrerzentriertem Vorgehen: »Wie löse *ich* das Problem?« und bei kooperativem Vorgehen: »Wie lösen *wir* das Problem?«. Allerdings sind die Übergänge fließend. Auch direktive Interventionen enthalten manchmal kooperative Elemente, etwa wenn man die

Schüler/innen fragt, wie sie eine neue Maßnahme beurteilen. Umgekehrt setzt bei kooperativem Vorgehen die Lehrkraft selbst den Ablauf in Gang und wird meist auch einflussreiche Vorschläge einbringen. Dennoch: Die Schüler/innen sind hier von Anfang bis Ende einbezogen.

Kooperative Strategien sind in erster Linie *Prozess*-Strategien; sie sind Vorgehensweisen, nicht Lösungen. Während lehrerzentrierte Interventionen mit typischen Lösungen arbeiten, vor allem mit der Einführung von Regeln und dem Gebrauch von Anreizen, steht bei kooperativer Intervention – zumindest zunächst – die Art des Ablaufs im Vordergrund. Es ist leicht möglich, dass dabei für dasselbe Problem in der Klasse A eine ganz andere Lösung herauskommt als in Klasse B. Insofern sollen auch die Projektbeispiele, die nachfolgend geschildert werden, primär das Vorgehen illustrieren und nicht bestimmte Lösungen propagieren, wenngleich diese selbst durchaus anregend sein mögen. Es geht also um Handlungsstrategien, die auf vielfältige Probleme und auf unterschiedliche Altersstufen übertragbar sind.

Das konstruktive Konfliktgespräch nach Gordon

Das wohl bekannteste kooperative Konzept ist die »niederlagelose Methode der Konfliktlösung« von Thomas Gordon (1977), in der deutschen Ausgabe »Lehrer-Schüler-Konferenz« betitelt. Die Lehrer/innen versuchen hier in einem strukturierten Gespräch – und im Wesentlichen *nur* durch Gespräch – eine Lösung zu finden. Dabei kommt es entscheidend auf die Art der Gesprächsführung an.

Elemente und Phasen des Gesprächs

Als die wichtigsten Elemente, die ein Klima der Verständigung schaffen, betrachtet Gordon das aktive Zuhören und die Ich-Botschaften. Beides wurde bereits erwähnt (s. S. 80, 102). Durch *Ich-Botschaften* teilt man seine Empfindungen mit, z. B. Ärger, Sorgen, Freude oder Wünsche. Ich-Botschaften enthalten neben dem Gefühl gewöhnlich auch einen Sachaspekt: Man sagt, *worüber* man sich ärgert, *was* Sorgen bereitet usw. – Beispiele:

- »Es ärgert mich, wenn ihr euch ins Wort fallt.«
- »Ich möchte das gerne in Ruhe vortragen, ohne dass ich durch Zwischenrufe abgelenkt werde.«
- »Ich habe ein Problem: Schon seit einigen Unterrichtsstunden bekümmert es mich, dass …«

Die Ich-Botschaft versteht sich als Alternative zu Vorwürfen und Ermahnungen (»Dauernd störst du den Unterricht«).

Das *aktive Zuhören* zielt darauf ab, dass die Gesprächspartner sich verstanden, ernst genommen und persönlich akzeptiert fühlen, selbst wenn man mit ihrem Verhalten nicht einverstanden ist.

- Schülerin: »Müssen wir dieses Thema noch lange behandeln?« Anderer Schüler: »Ja, wie lange noch?« Lehrer: »Das Thema interessiert euch nicht?« Schülerin: »Eigentlich schon, aber nicht so lange.« Lehrer: »Kommt es euch darauf an, dass wir nicht so in die Einzelheiten gehen?«
- Ein Schüler zu dem Beitrag eines anderen: »Ach, Stefan, nun hör doch mal auf mit dem Gelaber.« Lehrerin: »Dir gefällt sein Beitrag nicht. Nun gut. Trotzdem gilt: Alle sollten ausreden können.«

Der Konflikt wird also offen angesprochen, aber mit einer Haltung, die besagt: Dies oder das ist das Problem, und nicht: Du bist ein Problem. Es steckt darin die Unterscheidung von Sachaspekt und Beziehungsaspekt in der zwischenmenschlichen Kommunikation (vgl. Schulz von Thun 1981).

Ein solcher Kommunikationsstil schafft sicher ein Klima der Verständigung, führt aber allein meist noch nicht zu einer konkreten Lösung. Für den gesamten Prozess der Konfliktlösung schlägt Gordon *sechs Phasen* vor:

Stufe I: Definition des Problems (Konflikts);
Stufe II: Sammlung möglicher Lösungen;
Stufe III: Wertung der Lösungsvorschläge;
Stufe IV: Die Entscheidung;
Stufe V: Realisierung der Entscheidung;
Stufe VI: Beurteilung des Erfolgs.

Ganz besonders in der ersten Stufe spielen Ich-Botschaften und aktives Zuhören eine zentrale Rolle, um herauszufinden, wer was als Problem empfindet. Im zweiten Schritt werden von allen Beteiligten Lösungsideen gesammelt – *nur* gesammelt, noch nicht diskutiert! Erst wenn alle ihre Einfälle mitteilen konnten und mehrere Alternativen festgehalten wurden (am besten an der Tafel, evtl. durch Anheften von Zetteln), soll über sie diskutiert werden (Stufe III). Auf der Stufe der Entscheidung (IV) ist es das Ziel des Gesprächs, eine (vorläufige) Lösung zu finden – und zwar im Konsens, nicht durch eine Mehrheitsentscheidung. Als beste Lösung gilt die, bei der sich niemand als Verlierer fühlt, mit der alle zumindest »leben können«. Auf Stufe V wird dann die Entscheidung konkret umgesetzt und auf Stufe VI aufgrund der bisherigen Erfahrungen eventuell revidiert.

Fallbeispiel: Unruhe

Ein Fall von Disziplinproblemen wird von Gordon (1977, S. 204ff) wie folgt geschildert und kommentiert:

»Eine Lehrerin erzählte in einem unserer Kurse das folgende Beispiel, das besonders die Stufen I, II, III und IV eines Problemlöseprozesses verdeutlicht.

Lehrerin: ›Ich habe ein Problem, bei dem ihr mir helfen könnt. Ihr seid zu laut, und ich muss mich dauernd anstrengen, euch zur Ruhe zu bringen. Das tue ich gar nicht gern. Zum Unterrichten brauche ich Ruhe, aber wenn ihr redet, muss ich meine Anweisungen und Erklärungen ständig wiederholen. Andererseits verstehe ich, dass ihr auch das Bedürfnis habt, miteinander zu reden. Lasst uns mal darüber nachdenken, was wir unternehmen können, um mich und euch zufriedenzustellen. Ich werde einige Lösungen vorschlagen, und ihr denkt euch auch so viele wie möglich aus. Ich schreibe die Vorschläge ohne Kommentar an die Tafel. Später diskutieren wir darüber und streichen alle, die euch oder mir nicht gefallen.‹

Die folgenden Vorschläge wurden gesammelt.

1. Wir führen eine neue Sitzordnung ein.
2. Strafen.
3. Wir reden immer, wenn wir es gerade wollen.
4. Wir bekommen jeden Tag eine bestimmte Zeit zum Reden zugeteilt.
5. Der einzelne redet nur, wenn die anderen nicht reden.
6. Völliges Redeverbot.
7. Aufteilung der Klasse: eine Hälfte wird unterrichtet, die andere Hälfte darf reden.
8. Flüstern.
9. Es wird nur mündliche Mitarbeit im Unterricht verlangt.

Lehrerin: ›Jetzt wollen wir die Lösungen durchstreichen, die uns nicht gefallen. Ich streiche Nr. 2, 3 und 9.‹

Von Schülern wird die Streichung der Nummern 2, 6 und 7 vorgeschlagen.

Lehrerin: ›Betrachten wir nun die restlichen Vorschläge. Was haltet ihr von Nr. 1, einer Neuverteilung der Sitzordnung?‹

Betty: ›Das haben wir doch schon einmal versucht, und es half nichts.‹

Nach einer kurzen Diskussion einigt sich die Klasse darauf, auch Nr. 1 zu streichen.

Lehrerin: ›Was haltet ihr davon, jeden Tag eine bestimmte Zeit zum Reden zu haben?‹

Gegen diesen Vorschlag bestehen keine Einwände.

Lehrerin: ›Was denkt ihr von Nr. 5?‹
Auch hiergegen bestehen keine Einwände.
Lehrerin: ›Es wurde noch Flüstern vorgeschlagen. Was meint ihr dazu?‹
Wiederum kommen keine Einwände.
Lehrerin: ›So bleiben in unserer Liste also noch die Nummern 4, 5 und 8. Will jemand noch etwas hinzufügen? Nein? Gut, dann werde ich die drei Vorschläge auf einen Bogen Papier schreiben, und wir werden ihn unterzeichnen. Wir nennen das einen Vertrag, d. h. eine Übereinstimmung, die von dem Lehrer und der Klasse unterschrieben wird. Wir werden alle versuchen, diesen Vertrag einzuhalten und nicht zu brechen.‹«

Gordons Kommentar: »In diesem kurzen Problemlöseprozess bewältigte die Lehrerin einige Punkte sehr gut, versagte dafür aber bei anderen:

1. Sie schnitt das Problem mit einer Darstellung ihrer eigenen Bedürfnisse an und gebrauchte Ich-Botschaften zur Verdeutlichung ihrer Gefühle. Diese Ich-Botschaften stellten die spürbaren und konkreten Auswirkungen des ständigen Redens jedoch nur schwach dar.
2. Sie hätte die Schüler mehr ermutigen sollen nachzudenken, warum sie solch ein Redebedürfnis haben. Vielleicht hätte hier eine Frage weitergeholfen wie z. B. ›Ich möchte besser verstehen, warum ihr so oft redet. Erzählt mir, was in euch vorgeht, wenn ihr diesen Wunsch habt‹.
3. Sie hätte für das Streichen der von ihr nicht gewünschten Lösungen ihre Gründe anführen können.
4. Die Problemlösung hörte auf Stufe IV auf, dem Treffen der Entscheidung. Stufe V hätte folgen können und mit ihr die Überlegung, wie die Entscheidung nun in die Praxis umzusetzen sei.
5. Eine erneute Zusammenkunft zur Überprüfung der Effektivität der Lösung (Stufe VI) hätte eingeplant werden können.«

Es ist offenkundig: Ein Konfliktgespräch dieser Art ist nicht bei den »kleinen Störungen zwischendurch« zu führen, sondern bei wiederkehrenden oder gravierenden Problemen. Es beschränkt sich nicht auf Akutreaktionen (hierfür würden kurze Äußerungen in Form von Ich-Botschaften oder aktivem Zuhören in Frage kommen), sondern es sucht gründliche und langfristige Lösungen.

Gordons Sechs-Schritte-Modell sieht für die Diagnose nicht viel Raum vor (jedenfalls nicht explizit); sie ist lediglich Bestandteil des ersten Schrittes, der »Definition des Konfliktes«. Bei Schritt zwei beginnt bereits die Lösungssuche. Dies dürfte manchmal voreilig sein, sofern man nämlich über die Hintergründe der mitgeteilten Wünsche mehr erfahren müsste, um genauer zu verstehen, worauf es ankommt (in dem zitierten Fallbeispiel sieht Gordon das selbst genauso, wie sein zweiter Kommentarpunkt zeigt). Ein anderes Phasen-Modell, das Konfliktgespräch nach Schwäbisch & Siems (1974) ist hier ausführlicher und schlägt nach der »Anmeldung der Störung« ausdrücklich die »Klärung der Hintergrundbedürfnisse« als eine eigene Phase vor.

Kooperative Verhaltensänderung nach Redlich & Schley: Konfliktlösung als Klassenprojekt

Ein sehr interessantes, vielseitiges und praktisch erprobtes Konzept ist die »Kooperative Verhaltensmodifikation im Unterricht« von Alexander Redlich und Wilfried Schley (1981). Ein verständigungsorientierter Kommunikationsstil wie bei Gordon hat auch hier seinen Platz, doch umfasst das Verfahren über das Gespräch hinaus weitere Elemente, insbesondere aus der lernpsychologisch orientierten »Verhaltensmodifikation«. Der etwas technisch klingende Titel wurde neuerdings durch die Bezeichnung »Kooperative Methode« ersetzt (Achtzehn Autoren 2000, herausgegeben von A. Redlich).

Gemeinsam klären, planen, verändern

Die Methode umfasst drei Hauptphasen mit jeweils mehreren Komponenten:

- Die *kooperative Diagnose* bzw. *gemeinsame Klärung*, in der die Lehrkraft und die Schüler/innen jeweils ihre Sicht mitteilen und zu einer Gesamtsicht zu integrieren versuchen. In dieser Phase können auch schriftliche Befragungen durchgeführt werden.

- Die *kooperative Planung*, in der die gemeinsamen Ziele festgelegt, Lösungsvorschläge gesammelt und konkrete Vereinbarungen getroffen werden.

- Die *kooperative Intervention*, in der die Absprachen praktisch umgesetzt werden (manchmal zunächst probeweise) und die Einübung neuer Verhaltensweisen der Lehrkraft wie der Schüler/innen im Vordergrund steht. Dabei kommen, je nach Einzelfall, unter anderem auch Anreize, Selbstbeobachtungen der Schüler/innen oder Lehrer-Schüler-Verträge zum Einsatz.

Einzuleiten ist ein Veränderungsprojekt am besten, indem die Lehrkraft in Form einer Ich-Botschaft vorträgt, was sie als Problem empfindet. Die kooperative Diagnose ist die erste Hauptphase und damit explizit gründlicher als bei Gordon. Sie soll nicht nur die Problemklärung sachlich voranbringen, sie soll auch dafür sorgen, dass alle Beteiligten mit ihrer Sicht der Dinge Gehör finden und ihren eigenen Anteil an dem Problem erkennen. Daher wird der Erfassung der Sichtweise der Schüler/innen manchmal viel Zeit gewidmet. Wie die folgenden Projektberichte deutlich machen werden, lohnt sich der Aufwand für die Diagnose aber schon deshalb, weil auf diese Weise solide Grundlagen für die Intervention geschaffen werden.

Selbstverständlich gehört ebenfalls zum kooperativen Charakter, dass sowohl die Schüler/innen *als auch* die Lehrkraft ihr

Verhalten ändern und so ihren Teil zur Konfliktlösung beitragen. Dies ist wiederum fundamental anders als das Vorgehen, das wir alle aus der eigenen Schulerfahrung kennen: Die Lehrkraft tritt vor die Klasse und fordert ausschließlich Änderungen von den Schüler/innen (»Ihr müsst …, ihr sollt …, ich erwarte von euch…«). Ein ausführliches Fallbeispiel soll konkret vermitteln, wie das Konzept in der Praxis aussehen kann.

Fallbeispiel: Mangelnde Beteiligung, Unruhe und Zwischenrufe

Das Fallbeispiel ist ein tatsächlich durchgeführtes Projekt (Redlich & Schley, S. 165ff) und enthält fast alle Probleme, die Lehrkräften Magenschmerzen und Kopfzerbrechen bereiten können: ständige Unruhe mit Privatunterhaltung und Zwischenrufen, mangelnde Beteiligung am Unterricht und mangelnde Befolgung von Arbeitsanweisungen.

Es handelt sich also wirklich um einen »dicken Brocken« und die Intervention ist daher überdurchschnittlich aufwändig. Das Beispiel bringt aber gerade deshalb sehr viele Facetten solcher Probleme sowie der Intervention zur Geltung. Es belegt zugleich, dass die kooperative Methode auch und gerade in schwierigen Fällen hilfreich sein kann.

Die folgende Schilderung hält sich über weite Strecken an den Originaltext von Redlich & Schley (in Anführungszeichen), beschränkt sich in einigen Passagen aber auf eine zusammenfassende Wiedergabe:

1. Rahmenbedingungen
»Siebtes Schuljahr (Gesamtschule): 19 Mädchen, 9 Jungen; die Intervention führte der Fachlehrer im Mathematikkurs durch. Er unterrichtete 3 Stunden pro Woche in dieser Gruppe. Der Klassenlehrer und zwei weitere Fachlehrer waren über das Vorgehen informiert und zeigten sich sehr interessiert. Die zeitliche Mehrbelastung betrug etwa 2 Stunden pro Woche. Interventionsdauer: 7 Wochen. Psychisch belastet fühlte sich der Lehrer nur zu Beginn: ›Nur das Organisatorische hat zu Beginn Wirbel im Unterricht verursacht. Sonst war ich froh, dass es so gut klappte und fühlte mich überhaupt nicht eingeschränkt.‹

2. Problemsicht des Lehrers
›Der Kurs setzt sich aus zwei Klassen zusammen. Die Folge sind zwei rivalisierende Gruppen. Dies wirkt sich aus in gegenseitiger Abwertung, gegenseitigem Zuschieben von Unterrichtsstörungen, Kämpfen um die Sitzordnung und starker Abgrenzung der Gruppen. Die Unterrichtsarbeit wird gestört: Arbeitsanweisungen werden nicht genügend befolgt, die Schüler unterhalten sich zu viel privat (Unruhe), einige Schüler rufen laut dazwischen, viele beschäftigen sich mit fachfremden Dingen; Aufforderungen des Lehrers, ruhig zu sein, werden nicht genügend beachtet. Eine Ursache ist meine Unerfahrenheit mit Schülern dieser Schulart und Altersgruppe, weil ich erst ganz neu Lehrer bin. Die Schüler sind straffes Arbeiten nicht gewohnt. Ich habe versucht, straffer zu sein: schärferes Eingreifen (Lautwerden), klare Arbeitsanweisungen, bei Störverhalten Entfernung des Schülers aus dem Unterricht.‹«

Da es dem Lehrer schwer fiel, die Häufigkeit und Verbreitung problematischer Verhaltensweisen einzuschätzen und auch seine Zielvorstellungen noch wenig konkret waren, nahm er die Hilfe eines Beratungslehrers in Anspruch. Der ging mit in den Unterricht und registrierte, wie häufig Zwischenrufe ohne Meldung vorkamen, wie häufig der Lehrer solche Zwischenrufe aufnahm und wie viele Schüler/innen sich während eines Unterrichtsgespräches privat unterhielten. Die Beobachtungen in einer Stunde zeigen das ganze Ausmaß des Problems:
– In 20 Minuten Unterrichtsgespräch gab es ca. 100 Zwischenrufe.
– Der Lehrer reagierte auf 20 Zwischenrufe.

– 18 von 26 anwesenden Schüler/innen führten Privatunterhaltungen von 20 Sekunden oder länger.

3. Problemsicht der Schüler/innen
Um die Sicht der Schüler/innen zu ermitteln, entwickelte der Lehrer mit dem Berater einen Fragebogen (siehe unten). Der Klasse wurde mitgeteilt, dass er der Veränderung von Lehrer- und Schülerverhalten dienen solle. Über die Beantwortung der Fragen hinaus seien eigene Anmerkungen erwünscht.

FRAGEBOGEN
(Bitte ankreuzen, was am ehesten zutrifft)

(1) Wenn ich mich im Unterricht mit Mitschülern unterhalte, liegt das daran, dass
  a) ich die Aufgabe nicht verstanden habe
  b) ich mich auf das Unterrichtsgespräch nicht konzentrieren kann
  c) es so laut ist
  d) das Thema mich nicht interessiert
  e) andere Gründe: ....

(2) Wenn ich im Unterricht dazwischenrufe, liegt es daran, dass
  a) ich vom Lehrer nicht drangenommen werde
  b) ich sonst nicht gehört werde
  c) es alle anderen auch tun
  d) andere Gründe: ....

(3) Was mir am Verhalten der Mitschüler gefällt oder nicht gefällt:
Es wird im Unterricht privat geredet
  immer ☐   oft ☐   manchmal ☐   selten ☐   nie ☐

Antworten und Meinungen werden laut in die Klasse gerufen
  immer ☐   oft ☐   manchmal ☐   selten ☐   nie ☐

Ich werde am Aufpassen und Arbeiten im Unterricht gestört, weil meine Mitschüler zu laut sind

immer □   oft □   manchmal □   selten □   nie □

Zwischenrufe einiger Mitschüler nehmen mir die Möglichkeit, mich zu beteiligen

immer □   oft □   manchmal □   selten □   nie □

(4) Was mir am Unterricht gefällt oder nicht gefällt:
Die Themen sind interessant

interessant 1—2—3—4—5 nicht so interessant

Der Unterricht ist abwechslungsreich

abwechslungsreich 1—2—3—4—5 nicht so abwechslungsreich

Die Schüler können selbst aktiv sein

können aktiv sein 1—2—3—4—5 nicht so aktiv sein

Die Erklärungen des Lehrers sind verständlich

verständlich 1—2—3—4—5 nicht so verständlich

Wir haben genug Zeit, auf Fragen des Lehrers eine Antwort zu überlegen

genug Zeit 1—2—3—4—5 zu wenig Zeit

Ich habe genügend Gelegenheit, im Unterricht dranzukommen

genügend Gelegenheit 1—2—3—4—5 zu wenig Gelegenheit

Was mir am Unterricht sonst noch gefällt oder nicht gefällt:
....
....
....

(5) Wie sollte der Unterricht deiner Meinung nach sein, damit du mehr mitarbeitest und stärker konzentriert bist?
....
....
....

Die Befragung brachte folgende Ergebnisse:
- Privatunterhaltung liegt daran, dass ›es so laut ist‹.
- Zwischenrufe liegen daran, dass ›ich vom Lehrer nicht drangenommen werde‹.
- Was nicht gefällt: Es wird privat geredet, es wird laut in die Klasse gerufen, die Unruhe stört bei der Mitarbeit.
- Am Unterricht missfällt, dass er nicht abwechslungsreich ist, die Erklärungen des Lehrers nicht verständlich sind, zu wenig Zeit ist, Antworten zu überlegen, und zu wenig Gelegenheit besteht dranzukommen.
- Die Schüler/innen wünschen: Es soll leiser sein, der Unterricht soll interessanter, abwechslungsreicher sein und er soll bessere Themen haben.

4. Bedingungsmodell – Gegenüberstellung der Problemsichten
Der *Lehrer* sieht im Frontalunterricht als Probleme:
Privatunterhaltung und Zwischenrufe. → Darauf reagiert er mit kurzem Abwarten, mit Ermahnen und z. T. mit Aufnehmen der Zwischenrufe.
Die *Schüler/innen* sehen im Frontalunterricht als Probleme:
Lautstärke, langweiligen Unterricht, unverständliche Erklärungen, zu seltenes Drankommen. → Darauf reagieren sie mit Privatunterhaltung und Zwischenrufen.
Zielvorstellung des Lehrers:
Mehr Aufmerksamkeit und Beteiligung. → Dann wäre der Unterricht interessant, es kämen mehr Schüler/innen dran, er könnte Zwischenrufe ignorieren und besser erklären.
Zielvorstellung der Schüler/innen:
Mehr Ruhe im Unterricht, interessanteres Lernen, verständlichere Erklärungen und mehr Möglichkeiten zur Beteiligung. → Dann würden sie auch mehr Aufmerksamkeit und Beteiligung zeigen.

Zusammenfassende Erklärung (verkürzt nach Redlich & Schley): Beide Seiten sehen gemeinsame Probleme; aber jede Seite sieht die andere als Ursache. Der Lehrer meint, sein Unterricht sei die Folge des Schülerverhaltens. Die Schüler/innen meinen, ihr Verhalten sei eine Folge des langweiligen und schwer verständlichen Unterrichts. Das tatsächliche

Geschehen gleicht eher einem Netz von Wechselwirkungen wie diesen: Am Anfang der Stunde beteiligt sich die Hälfte der Klasse, die andere redet privat. Da bei jeder Lehrerfrage nur einer drankommt, sind die anderen enttäuscht und beginnen auch zu schwatzen. Der Lehrer reagiert auf private Unterhaltung vorwiegend mit Ignorieren, aber er ermahnt, wenn die Unruhe zu groß wird. Wegen der schrumpfenden Beteiligung greift er Zwischenrufe auf. Weil Zwischenrufe aufgenommen werden, beteiligen sich immer weniger durch korrektes Melden. Die Unruhe steigt. Selbst interessierte Schüler/innen fragen laut, wenn sie den Lehrer nicht verstanden haben. Der Lehrer bittet vermehrt um Ruhe … usw. usw.

Diese Analyse legt vier Ansatzpunkte nahe: (1) Der Lehrer strukturiert den Unterricht stärker. (2) Er nimmt stets mehrere Äußerungen an und lässt ergänzende Bemerkungen der Schüler/innen untereinander zu. (3) Die Schüler/innen unterlassen Privatgespräche und Zwischenrufe. (4) Der Lehrer nimmt Zwischenrufe nicht an.

5. Gemeinsame Zielsetzung

Die Sichtweisen beider Seiten und die im Bedingungsmodell erfassten Wechselwirkungen werden vom Lehrer mit den Schüler/innen ausführlich besprochen. Beide Seiten erkennen in den Erklärungen ihre Ansichten wieder und ziehen den Schluss, dass nur Veränderungen auf beiden Seiten gleichzeitig das Problem lösen können. Man einigt sich auf folgende Ziele:

— Gesamtziel: Interessanter Unterricht mit aktiver Mitarbeit.
— Teilziel 1: Die *Schüler/innen* beteiligen sich durch Melden; konkreter Zielwert: 4 Meldungen pro Minute. Der *Lehrer* berücksichtigt jede Meldung; Zielwert: 2 Aufrufe pro Minute. (Der kleinere Zielwert von nur 2 Aufrufen bei 4 Meldungen ergab sich aus der Überlegung, dass einige Schüler/innen ihre Meldung zurückziehen, nachdem sich der Erste geäußert hat.)
— Teilziel 2: Die Schüler/innen machen keine Zwischenrufe; konkreter Zielwert: nicht mehr als 1 Zwischenruf pro Minute. Der Lehrer geht auf Zwischenrufe nicht ein; als Zielwert: nicht öfter als zweimal in 15 Minuten.

Die Zielwerte waren so bestimmt, dass eine Zielerreichung realistisch erschien. Die Zielerreichung selbst war der einzige Anreiz für das Projekt, auf zusätzliche Belohnungen wurde verzichtet.

6. Interventionsplan

»Als Zeit für die Intervention wurden wöchentlich dreimal 20 Minuten (Frontalunterricht) über einen Zeitraum von 6 Wochen geplant. Die Teilziele wurden zwischen Lehrer und Schülern als Regeln formuliert und in einem Vertrag schriftlich vereinbart (s. unten).

Jeder Schüler beobachtet und entscheidet selbst, ob er Regelverstoß oder Regeleinhaltung in seinen Selbstbeobachtungsbogen einträgt (vgl. S. 133). Außerdem notiert er, wenn er drangenommen wurde. Der Lehrer hält seine Regelverstöße an der Tafel fest. Die vertragliche Vereinbarung gilt nur für die Phase des Unterrichtsgesprächs. Diese wird durch Zeichen für Frontalunterricht und Gruppenarbeit jeweils signalisiert. Am Ende der Stunde werden die Ergebnisse der einzelnen Schüler und des Lehrers in einer gemeinsamen Liste gesammelt, die herumgereicht wird. Es werden dann die Summen für Regeleinhaltung und -verstoß der Schüler gebildet und durch die Minutenzahl des Unterrichtsgesprächs dividiert, um die Ergebnisse verschieden langer Unterrichtsgespräche miteinander vergleichen zu können. Die Ergebnisse werden für jede Stunde in ein Diagramm eingetragen. Dieses wird auf einer großen Schautafel dargestellt, die für alle sichtbar in der Klasse aufgehängt wird. Die Lehrerdaten werden jeweils auf 15 Minuten bezogen (zu geringe Häufigkeiten beim Regelverstoß pro Minute).«

VERTRAG

Zwischen diesem Mathekurs aus Jahrgang 7 und Herrn Naber wird folgender Vertrag geschlossen:

1. Beginn: Der Vertrag fängt in der Unterrichtsstunde immer dann an, wenn der Unterricht an der Tafel erfolgt (also nicht bei Gruppenarbeit) und jeder Schüler seinen Kontrollbogen auf dem Tisch liegen hat.

2. Regeln: Es werden folgende Regeln für die Schüler und den Lehrer festgesetzt:
Schülerregel: Wenn ich etwas sagen möchte, rufe ich nicht dazwischen, sondern melde mich.
Lehrerregel: Ich nehme keine Zwischenrufe an, aber alle Schüler, die sich melden.

3. Dauer des Vertrages: Nach 6 Wochen soll gemeinsam entschieden werden, ob der Vertrag weiterlaufen, verändert oder aufgehoben werden soll.

4. Kontrolle: Die Schüler und der Lehrer kontrollieren selbst, ob die Regeln eingehalten werden oder ob sie verletzt werden. Jedesmal, wenn ein Schüler sich meldet, muss er sich einen Pluspunkt anstreichen, wenn er dazwischenruft, einen Minuspunkt. Wird er vom Lehrer auf Grund seiner Meldung drangenommen, streicht er dies ebenfalls an. Die Punkte der Strichlisten werden vom Lehrer gesammelt und in Schaubildern graphisch dargestellt. An einer anderen Übersicht werden die Punkte eingetragen, mit denen der Lehrer gegen seine Regel verstoßen hat, d.h. wenn er eine Meldung nicht beachtet oder einen Zwischenruf annimmt.

Dieser Vertrag tritt am .... in Kraft.

....

Schüler

....

Lehrer

SCHÜLERBOGEN ZUR SELBSTBEOBACHTUNG			
	Regeleinhaltung		Regelverstoß
	+		−
Datum	Wenn ich etwas sagen möchte, melde ich mich	Ich bin drangenommen worden	Ich rufe dazwischen, wenn ich etwas weiß
....	....	....	....
....	....	....	....
....	....	....	....

7. Verlauf der Intervention und Ergebnisse
»Die detaillierte Planung der Intervention bewährte sich in der Durchführung. Allerdings ließ sich die Anwendung der Regeln nur in 2 Stunden pro Woche realisieren. Wegen der Nähe des Halbjahreszeugnisses mussten mehrere Arbeiten geschrieben werden.

Die Durchführung wurde sehr stark von dem Motiv der Schüler bestimmt, eine Verbesserung der Lernbedingungen im Kurs zu erreichen. Sie hatten bereits in der Planung ihr Interesse deutlich gemacht durch eine Reihe konkreter Vorschläge. Sie wollten mehr Gruppenarbeit, Differenzierung in Aufgabenart und -menge, gegenseitiges Erklären u. a. Diese Vorschläge sollten in einer zweiten Intervention berücksichtigt werden.

Die Intervention übertraf bereits in der ersten Stunde der Durchführung die vorher festgelegten Zielbereiche. Die Ergebnisse der Schüler lagen voll im Zielbereich. Der Lehrer war nicht ganz so erfolgreich (s. Diagramme, S. 135).

In der Nachbefragung hielt der Lehrer die beiden Teilziele für weitgehend erreicht. Er gibt an, dass sich das persönliche Verhältnis zu den Schülern gebessert habe. Es war für ihn teilweise schwer, auf die vielen Meldungen einzugehen bei gleichzeitiger Berücksichtigung des angestrebten Stundenziels. Er erklärt die Wirkung der Intervention mit dem Vertrag, an den sich die Schüler gebunden fühlten, und damit, dass er als Lehrer sich ändern musste.

Als Erfahrung aus der Intervention benennt er: ›Mir ist bewusst geworden, dass ich Schüler nicht 45 Minuten durch ein Unterrichtsgespräch belasten kann und die Schüler viel mehr selbst tätig sein müssen. Mich hat auch die Bereitschaft der Schüler, beim Programm mitzumachen, erstaunt. Meine Regeleinhaltung (alle Melder drannehmen und keine Zwischenrufe beachten) konnte ich leichter durchführen, als ich es erwartet hatte.‹

Die Schüler haben die Durchführung des Vertrags als erfolgreich eingestuft. Sie schlugen vor, eine Zeit von 6 Wochen ohne Vertrag zu versuchen und sich dann gemeinsam zu überlegen, ob dieser oder ein anderer Vertrag notwendig wäre.«

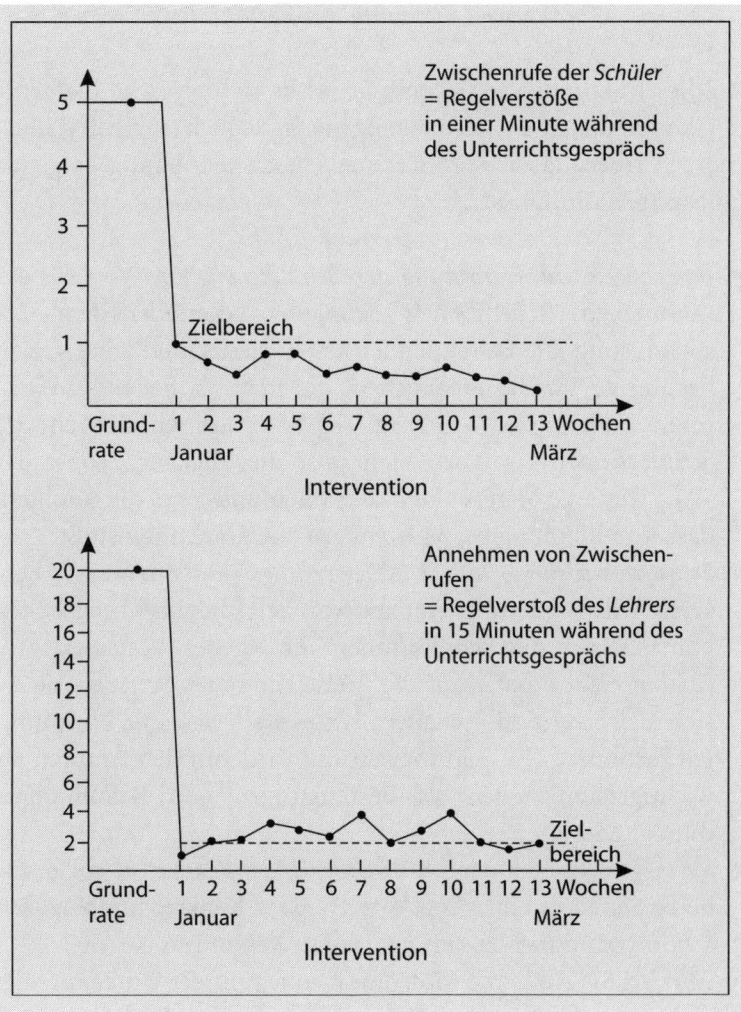

Typische Elemente des Verfahrens

An diesem komplexen Fallbeispiel lassen sich typische Elemente der kooperativen Problemlösung nach Redlich & Schley illustrieren. Über das *Gespräch* hinaus kommen häufig folgende Hilfsmittel zum Einsatz:

- *Fragebogen zur Ermittlung der Schülersicht*. Die Vorteile der (anonymen) schriftlichen Befragung gegenüber dem Gespräch sind: Die Befragung ist strukturierter und kann gezielt bestimmte Punkte ansprechen, die man als bedeutsam vermutet. Wichtig ist weiterhin: Es kommen wirklich alle (!) Schüler/innen zu Wort, nicht nur die, die auch sonst das Wort führen, sondern auch die stillen und jene, die fürchten, dass ihre Meinung bei Mitschülern auf Ablehnung stößt.
- *Selbstbeobachtung und Selbstbewertung*: Sie dienen einer besseren Selbststeuerung. Anhand von Selbstbeobachtungsbögen kontrollieren die Schüler/innen ihr eigenes Verhalten und richten es bewusster auf die Zielsetzung aus. Schaffen sie es, sich zielgerecht zu verhalten, können sie sich mit Pluspunkten belohnen. Die Selbstbewertung wird von den Autoren als wichtiger angesehen als Bestätigungen und Belohnungen durch andere.
- *Verträge* zwischen der Lehrkraft und der Klasse: Sie sollen für beide Seiten in einfachen Worten, ganz konkret und zugleich schön verbindlich zusammenfassen, was zu tun ist.
- *Anreize*: Sie sind eine Motivationshilfe, um die Unterstützung aller zu sichern und dafür zu sorgen, dass die Sache Spaß macht.
- *Schaubilder*, auf denen der Verlauf des Projektes bzw. die Erfolgskontrollen anschaulich dargestellt werden. Auch hierin liegen »Anreize«.

Welche Elemente zum Einsatz kommen, hängt vom konkreten Einzelfall ab. Auch die Dauer der Projekte ist sehr unterschiedlich. Die eigentliche Veränderungsphase, in der die Übergangshilfen wie Selbstbeobachtungen, Belohnungen und Erfolgsposter eingesetzt werden, umfasst nach Redlich in der Regel etwa zwanzig Unterrichtsstunden in vier bis sechs Wochen (vgl. Achtzehn Autoren 2000, S. 8). In dieser Phase verläuft der Unterricht aber gewöhnlich schon viel effektiver und befriedigender als vorher (wie in dem geschilderten Fallbeispiel).

Redlich & Schley haben selbst bei den Projekten beraten und empfehlen den Lehrkräften, Beratungslehrer/innen oder andere Helfer zu Rate zu ziehen. Denn diese können das Geschehen leichter mit einem neutralen Blick betrachten und überdies Ideen beisteuern.

Das Konzept wurde in allen Klassenstufen und in allen Schultypen erprobt: von der ersten Grundschulklasse bis zur Handelsschule und zwar bei unterschiedlichsten Problemen: zu große Unruhe, fehlende Hausaufgaben, Unpünktlichkeit, mangelnde Beteiligung im Unterricht, Feindseligkeiten zwischen Jungen und Mädchen, unselbstständiges Arbeitsverhalten u. a. m.

Sofern es sich um Disziplinprobleme handelt, muss die kooperative Intervention, denke ich, nicht die einzige Maßnahme bleiben. So könnte man dem Lehrer aus dem geschilderten Fallbeispiel empfehlen, nach dem erfolgreichen Neuanfang durch das kooperative Projekt künftig auch auf die präventiven Verhaltensweisen zu achten, von denen in Kapitel 2 die Rede war.

Fallbeispiel: Fehlende Hausaufgaben

Das zweite Fallbeispiel schildert ein Projekt mit einem andersartigen Problem und teilweise anderen Interventionselementen (Redlich & Schley 1981, S. 127ff). Das Grundmuster des kooperativen Vorgehens bleibt aber erhalten.

In einer 6. Hauptschulklasse hat der Lehrer das Problem, dass jeden Tag etwa 5 bis 7 Schüler die Hausaufgaben nicht gemacht haben. Ihre Entschuldigung: ›Ich hab sie vergessen.‹ Der Lehrer reagierte darauf mit Eintragungen, mit der Forderung, die Aufgaben in der Schule nachzuarbeiten, zuweilen auch mit Mitteilungen an die Eltern.

FRAGEBOGEN ZUM BEREICH »HAUSAUFGABEN«

1. Es stört mich, wenn andere ihre Hausaufgaben vergessen haben   ja ☐   nein ☐
   - weil es den Unterricht aufhält ☐
   - weil dadurch nicht alle mitarbeiten können ☐
   - weil mein Lehrer dann ärgerlich ist ☐

2. Wenn ich die Hausaufgaben nicht gemacht habe, liegt das daran, dass
   - es zu laut war, als die Hausaufgaben erklärt wurden ☐
   - ich die Erklärungen meines Lehrers gar nicht verstanden habe ☐
   - ich mich nicht getraut habe, noch einmal nachzufragen ☐
   - ich mit meinen Hausaufgaben zu Hause allein nicht zurechtkomme ☐
   - ich zu Hause nicht genug Zeit und Ruhe habe ☐
   - ich niemanden habe, der mir helfen kann ☐
   - ....

3. Ich mag vor der Klasse nicht gern sagen, dass ich die Hausaufgabe nicht gemacht habe   ja ☐   nein ☐
4. Ich möchte die Hausaufgaben gern regelmäßiger machen
                                                        ja ☐   nein ☐
5. Ich mache die Hausaufgaben regelmäßig   ja ☐   nein ☐
6. Was ist für dich eine leichte Hausaufgabe? Schreib ein Beispiel auf!
   ....

7. Erinnerst du dich an eine für dich schwere Hausaufgabe? Nenne ein Beispiel!
   ....

Im Rahmen der kooperativen Methode wurde zuerst erkundet, wie die Schüler/innen das Problem sahen. Ein erster Fragebogen brachte noch wenig Erkenntnisse, weil er nur nach den Vorlieben der Schüler/innen und der Zufriedenheit mit den Aufgaben fragte. Ein zweiter Fragebogen (s. S. 138) zielte stärker auf die Gründe für die Nichterledigung und brachte zu Tage, was wirklich dahinter steckte. Jeweils mehrere Schüler/innen gaben an, (a) dass es zu laut war, als die Hausaufgaben erklärt wurden, (b) dass sie die Erklärungen nicht verstanden hatten, (c) dass sie sich nicht getraut hatten, noch einmal nachzufragen. Eine größere Gruppe wollte die Hausaufgaben regelmäßiger machen, kam aber zu Hause nicht damit zurecht. Vor der Klasse mochten sie dies nicht sagen. Offenkundig lag das eigentliche Problem bei einer Gruppe leistungsschwacher Schüler/innen, die keine Hilfe durch die Eltern erhielten.

Diese Diagnose lieferte nun ein ganz neues Bild. Glaubte der Lehrer bislang, es käme auf die regelmäßige Hausaufgabenkontrolle an, so hörte er jetzt von unklaren Aufgaben und mangelnder Hilfe. Die Integration der Sichtweisen führte dazu, das Problem nach drei Situationen aufzugliedern:

(1) Aufgeben der Hausaufgaben kurz vor Stundenende:
Es ist laut in der Klasse. Die Schüler/innen verstehen akustisch und/oder inhaltlich nicht, welche Aufgaben gemacht werden sollen und wie sie zu machen sind. Sie fragen aber nicht nach, um den Eindruck zu vermeiden, sie hätten nicht aufgepasst.

(2) Anfertigen der Hausaufgaben zu Hause:
Die leistungsschwachen Schüler/innen sind mit den Aufgaben überfordert und wissen nicht, was sie tun sollen. Es ist ihnen unangenehm, die Aufgaben am nächsten Tag nicht vorzeigen zu können. Aber sie haben niemanden, der ihnen helfen kann.

(3) Kontrolle der Hausaufgaben zu Stundenbeginn:
Die Schüler/innen ohne Hausaufgaben haben Angst vor der Kontrolle, suchen zum Schein in der Tasche und sagen dann als Ausrede: ›Ich habe sie vergessen.‹ Der Lehrer trägt sie ins Buch ein und fordert sie auf, die Aufgaben nachzuholen. Die anderen Schüler/innen langweilen sich und werden unruhig.

VERTRAG MIT KLASSE 6

Vertragbedingungen:
Die Hausaufgaben werden von allen Schülern regelmäßig und vollständig angefertigt. Die letzten 10 Minuten jeder Deutschstunde stehen zur Verfügung zum Erklären und Erklärenlassen der Hausaufgaben. Jeder darf so lange nachfragen, bis er alles verstanden hat, ohne dass Herr Schacht die Geduld verliert. Wer die Hausaufgaben verstanden hat, kann damit beginnen. Solange dieser Vertrag gilt, brauchen die Schüler die Hausaufgaben, die sie vergessen haben, nicht nachzuholen. Sie werden nicht ermahnt oder bestraft und Herr Schacht trägt nicht in sein Buch ein.
Belohnung:
Die ganze Klasse macht einen Ausflug oder ein Klassenfest nach Wahl, wenn in drei Wochen nicht mehr als 15-mal Kinder ihre Hausaufgaben ganz oder teilweise nicht angefertigt haben.

Ich bin mit diesem Vertrag einverstanden:
....
Schüler   Lehrer

Die gemeinsame Zielbestimmung mündete in einen Lehrer-Schüler-Vertrag (s. oben). In der Umsetzungsphase fragte der Lehrer von nun an, wer die Hausaufgaben gemacht hatte und zählte die Meldungen aus. Zugleich machten alle Schüler/innen für erledigte Hausaufgaben ein Kreuz in einem Selbstkontrollbogen. Die Summe gemachter und nicht gemachter Hausaufgaben wurde als grüne bzw. rote Säule auf eine Pappe geklebt. Das Ganze dauerte täglich ca. zwei Minuten.

Die Zahl fehlender Hausaufgaben sank schlagartig von 5–7 auf 1–2. Nach der ersten erfolgreichen Phase und dem Klassenfest entschied man sich gemeinsam für eine Fortsetzung mit kleinen Neuerungen. So wurden unter anderem Pluspunkte für die unaufgeforderte Nachholung ›vergessener‹ Aufgaben vergeben.

Kommentar des Lehrers: ›Ich war überrascht, dass das Absetzen meiner Kontrollmaßnahmen nicht dazu führte, dass mehr Schüler die Hausaufgaben nicht machten. Im Gegenteil entwickelten jetzt mehr

Schüler das Motiv, die Aufgaben von sich aus zu schaffen.‹ Den Erfolg führte er auf folgende Faktoren zurück: Die Schüler/innen hätten einen Anreiz gehabt, sie hätten sich gegenseitig angespornt, und die 10 Minuten für den Beginn der Hausaufgaben unter seiner Anleitung seien für die Schwächeren eine wirkliche Hilfe gewesen. Auch sei es wichtig gewesen, dass die Schüler/innen die Möglichkeit hatten, von selbst Hausaufgaben nachzuholen.

Das Fallbeispiel unterstreicht erneut, wie wichtig eine genaue Diagnose für eine effektive Intervention sein kann. Es zeigt zugleich, dass die Diagnose bei Problemen wie diesem nur auf *kooperativem* Wege möglich ist. Ohne die Auskünfte der Schüler/innen bleibt vieles im Dunkeln.

Die Handlungsstrategie des kooperativen Konzeptes dürfte mit den vorangehenden ausführlichen Projektbeispielen deutlich geworden sein. Zwei kurze Zusammenfassungen zu weiteren Beispielen sollen daher lediglich die vielseitige Anwendbarkeit unterstreichen.

Weitere Fallbeispiele

Mangelnde Beteiligung an Diskussionen

Der Lehrer einer 7. Hauptschulklasse wollte vor allem die aktive Beteiligung an Unterrichtsgesprächen verbessern (Redlich & Schley, S. 185). Zu oft waren die Schüler/innen unaufmerksam und passiv. Aus der Schülerbefragung (Fragebogen) ergaben sich einige Gründe: Viele sagten, sie meldeten sich nicht, weil sie sich nicht gut ausdrücken könnten, weil andere über falsche Antworten lachten, weil die Themen zu schwierig oder langweilig seien. Viele wollten aber durchaus häufiger drankommen.

Es wurden folgende konkrete Ziele vereinbart: Der Lehrer lässt die Schüler/innen vor Beginn einer größeren Unterrichtseinheit eine Auswahl unter mehreren Themen treffen. Außerdem spricht er keine Schüler/innen direkt an und ermahnt nicht mehr. Alle Schüler/innen verpflichten sich, sich von selbst mindestens einmal pro Stunde am Gespräch zu beteiligen. Auf eine Belohnung wurde verzichtet und die Vereinbarung wurde auch nur mündlich getroffen. Wichtigstes Element war der Selbstbeobachtungsbogen: Genau registrierten die Schüler/innen, wie häufig sie sich meldeten und wie oft sie drankamen.

Der Lehrer gewann auf diese Weise wichtige Erfahrungen: Manche Schüler/innen meldeten sich öfter als er bemerkt hatte. Andere nahm er oft dran, ohne dies zu bemerken. Die Registrierung nach jeder Stunde machte es möglich, ungünstige Relationen von Meldungen zu Beiträgen zu verändern. Es bereitete ihm keine Probleme, auf direktes Aufrufen zu verzichten, weil die Beteiligung sich deutlich verbesserte.

Schwieriger Unterrichtsbeginn

Das Beispiel stammt aus einer ersten Klasse mit 36 Kindern (Redlich & Schley, S. 90). Die Lehrerin klagte: ›Zu Unterrichtsbeginn dauert es lange, bis alle leise sind. Immer wieder reden Kinder miteinander, lachen, spielen herum mit irgendwelchen Dingen (unterrichtsfremd). Nicht zuhören, nicht wissen, was die Klasse gerade arbeitet, nicht mitarbeiten, Stören durch lautes Reden, singen, Geräusche machen, aufstehen, herumlaufen, mit dem Stuhl wackeln.‹ Genau besehen beschränkten sich diese Probleme nicht auf den Unterrichtsbeginn.

Da es sich um das erste Schuljahr handelte, wurden die Schüler/innen in der Weise befragt, dass sie auf die vorgegebenen Fragen (»Es ist so laut, dass ich nicht aufpassen kann«, »Ich verstehe vieles nicht«) jeweils einen Zettel in einen von drei Kästen steckten (für »oft«, für »manchmal« oder »selten«).

Als gemeinsames Ziel ergab sich, dass es während des Unterrichts leiser sein sollte. Die Intervention arbeitete mit einem naheliegenden Anreiz: Für jede Stunde gab es eine Grundspielzeit von 10 Minuten, davon wurden die unruhigen Minuten abgezogen. Die 10 Minuten Spielzeit wurden durch Kreise an der Tafel, die Wartezeit durch eine große Sanduhr veranschaulicht. Die Lehrerin stand in der Wartezeit wortlos vor der Klasse. Die Intervention reduzierte die Unruhe zu Stundenbeginn von (geschätzten) 8 Minuten auf etwa 1 Minute. Die Belohnung wurde nach und nach ausgeblendet (hierzu s. S. 92).

Wie bereits betont, geht es bei dem kooperativen Konzept nicht um bestimmte *Lösungen*, sondern um die *Art des Vorgehens*. Die in den Fallbeispielen dargestellten Lösungen muss man nicht für die besten halten. Entscheidend ist, dass sie *gemeinsam* entwickelt werden, und – sollte sich die Lösung als unpraktikabel erweisen – auch gemeinsam revidiert werden. Ein kritischer Rückblick auf die bisherigen Maßnahmen und eventuelle Änderungen des Projektes sind daher in dem kooperativen Konzept ausdrücklich vorgesehen.

ZUSAMMENFASSUNG: KOOPERATIVE INTERVENTION
IN DER KLASSE

Kooperative Klärung/Diagnose:
- Problem »als eigenes« vorbringen (Ich-Botschaften)
- Sichtweise der Schüler/innen erfragen; sicherste Methode: anonymer Fragebogen.
- Bei Bedarf genaue Beobachtungen (z. B. Strichliste zu Zwischenrufen, Selbstbeobachtungsbögen für Schüler)
- Zusammentragen, wie verschiedene Problemaspekte sich gegenseitig bedingen.

Kooperative Planung und Intervention:
- Gemeinsame Zielsetzung vereinbaren, die von möglichst vielen geteilt wird.
- Lösungsideen zunächst sammeln, danach diskutieren, einige gemeinsam beschließen.
- Lehrer-Schüler-Vertrag schließen, unter anderem zu: Regeln für Schülerverhalten, Regeln für Lehrerverhalten, Zeitplan für Erprobung, Art der Erfolgskontrolle, Anreize für die Zielerreichung.
- Umsetzung des Plans, begleitende Erfolgskontrollen mit Darstellung auf Schaubild.
- Bewertung des Projektverlaufs (gewöhnlich nach einigen Wochen), evtl. Abänderungen.

Aggressionsverminderung auf drei Ebenen: Schule – Klasse – Individuum

Auch aggressives Verhalten ist eine mögliche Störung in der Schulklasse. Aber es unterscheidet sich deutlich von den besprochenen Unterrichtsstörungen wie Schwatzen, Hineinrufen, Unaufmerksamkeit usw. Denn ein Verhalten ist nur dann »aggressiv« zu nennen, wenn es darauf abzielt, anderen wehzutun, wenn es also *gegen* andere Personen gerichtet ist und nicht lediglich von den Erwartungen an gute Mitarbeit abweicht. Ein weiterer Unterschied: Der Unterricht selbst ist in der Regel nicht der typische Schauplatz von aggressiven Handlungen in der Schule. Und außerdem leiden unter ihnen in erster Linie die Mitschüler und nicht die Lehrkräfte.

Zum Problem

Aggression – genauer: aggressives Verhalten – gibt es in vielfältigen körperlichen, verbalen, nonverbalen und verdeckten Erscheinungsformen. Von Gewalt spricht man gewöhnlich bei aggressivem Verhalten in deutlich antisozialen, scharfen Ausprägungen und/oder speziell bei körperlichen Angriffen. Was die Schule anbelangt, so ist häufiger von »Gewalt in der Schule« als von »Aggression in der Schule« die Rede, eben weil man vermutlich in erster Linie die gravierenden, deutlich antisozialen Erscheinungen im Auge hat. Ich spreche hier dennoch von »Aggressions«verminderung, damit die schwächeren, aber klimatisch durchaus bedeutsamen Erscheinungsformen mit eingeschlossen sind.

Für die Erklärung aggressiven bzw. gewalttätigen Verhaltens lassen sich zahlreiche Faktoren heranziehen. Monokausale Erklärungen sind immer unzureichend und eine einheitliche Erklärung für alle Aggressionsphänomene ist ebenfalls nicht sinnvoll (vgl. Nolting 2005). So kann aggressives Verhalten ein Racheakt für eine vorangehende Provokation sein (Vergeltungsaggression). Es kann aber auch dem eigenen Schutz bzw. der Abwehr von Angriffen oder Belästigungen dienen (Abwehraggression). Es kann weiterhin ein Mittel zur Erlangung von Gütern, Macht, Anerkennung oder anderen Vorteilen sein (Erlangungsaggression). Und es kann aus reiner Lust am Kämpfen, Schikanieren oder Quälen entstehen – ohne Provokation, ohne Nutzen, ohne einen Streit um etwas (Lust-Aggression). Gerade die Neigung zum Schikanieren scheint in der Schule eine erhebliche Rolle zu spielen (vgl. Olweus 1995, Schäfer 1996, Scheithauer, Hayer & Petermann 2003), doch alle genannten Arten der Aggression kommen vor.

Aggression in der Schule ist nicht ein Kampf »jeder gegen jeden«. Zwar verhalten sich viele Schüler/innen zumindest gelegentlich verbal aggressiv. Doch die große Mehrheit zeigt keine ausgeprägten antisozialen Neigungen, sondern ist weitgehend friedlich. Hauptsächlich hat man es mit einem *Minderheitenproblem* zu tun: Einige besonders aggressive Schüler/innen greifen wiederholt einige schwächere Schüler/innen an, und zwar gewöhnlich ohne von ihnen provoziert worden zu sein (sog. Bullying oder Mobbing). Der Prozentsatz der *notorischen Angreifer* wird meist zwischen 5 und 10 Prozent angegeben (sog. Bullies, vorwiegend Jungen; Olweus 1995, Smith & Sharp 1994). Diese Haupttäter werden allerdings häufig von »Assistenten« unterstützt und/oder von Zuschauern ermutigt (Schäfer & Korn 2004, Scheithauer et al. 2003). Insofern sind die Angriffe zum Gutteil ein Gruppenphänomen.

Die *typischen Opfer* sind körperlich schwach, ängstlich und schüchtern und überdies schlecht integriert (»Außenseiter«). Das alles macht sie leicht angreifbar. Die meisten Opfer verhalten sich passiv und geben insofern keinen Anlass für Angriffe.

Es gibt allerdings auch provozierende Opfer, die Täter und Opfer zugleich sind.

Nicht Ringkämpfe unter Gleichstarken sind also das Kernproblem, sondern aggressive Handlungen in asymmetrischen Beziehungen: Stärkere greifen über einen längeren Zeitraum immer wieder dieselben Mitschüler/innen an, sei es verbal, körperlich, nonverbal oder über versteckte Gemeinheiten. Dieses Bullying bzw. Mobbing ist das Aggressionsproblem, um das man sich vorrangig zu kümmern hat – weil die Opfer zum Teil schwer darunter zu leiden haben.

Es gibt nicht nur typische Personen, sondern auch *typische Situationen*. Zumindest für schärfere Formen, für »Gewalt«, ist nicht der Unterricht der vorrangige Ort (Ausnahme zuweilen: Sportunterricht). Kritisch sind besonders die Pausen auf dem Schulhof und andere Situationen mit eingeschränkter Beaufsichtigung. Dazu gehören etwa die Wege vom und zum Klassenraum, unstrukturierte Wartesituationen (Warten vor der Klasse, Warten in der Klasse, Warten auf den Bus usw.), in manchen Schulen auch der Heimweg. All dies bedeutet, dass aggressives Verhalten gegen Mitschüler/innen, anders als Unterrichtsstörungen, über die jeweilige Klasse hinausreicht. Unter anderem können ältere Schüler auf dem Schulhof leicht Opfer aus tieferen Jahrgängen finden. Insofern ist also der aggressive Umgang zum großen Teil nicht ein Klassenproblem, sondern ein Schulproblem.

Zur Prävention und Intervention

Unbestreitbar haben viele Schüler/innen unter dem aggressiven Verhalten ihrer Mitschüler/innen zu leiden; und das allein ist Grund genug, nach Wegen zur Aggressionsverminderung zu suchen. In der pädagogischen Literatur gibt es dazu viele Vorschläge, doch nur wenige sind erprobt (im Überblick Nolting & Knopf 1998, ausführlicher Scheithauer et al. 2003). Eine erste Gruppe von Vorschlägen zielt auf die Änderung *schulischer* Bedingungen. Sie bilden ein breites Spektrum, das vom Sozialklima bis zu architektonischen Gegebenheiten reicht. Von den gut umsetzbaren Einzelfaktoren wurde vor allem die Wirksamkeit von verstärkter Aufsicht und organisierter Pausengestaltung empirisch belegt.

Ein zweiter Typ von Vorschlägen ist *schüler*bezogen und favorisiert *Unterrichtsprogramme zum sozialen Lernen*, insbesondere zum Umgang mit Konflikten. Hier geht es zweifellos um ein wichtiges Erziehungsziel. Doch über die Wirkung solcher Programme auf die Aggressionsrate einer Schule ist noch wenig bekannt; entsprechende Erfolgskontrollen fehlen. Eine Schwierigkeit dieses Ansatzes dürfte sein, dass der Unterricht sich in gleicher Weise an alle Kinder richtet, also nicht genug zwischen den hoch aggressiven Bullies und den ohnehin Friedlichen differenziert. Dennoch ist es vermutlich möglich, auf diesem Wege zur langfristigen Prävention beizutragen, sofern es sich nicht um kurze Programme, sondern um eine beständige Begleitung des schulischen Lebens handelt.

Speziell *täterbezogene* Maßnahmen bilden den dritten Typ. Sie werden in der Schulpraxis vielleicht am häufigsten praktiziert. Lehrkräfte richten ein Auge auf aggressiv auffallende Schüler/innen und versuchen sie zu erziehen, etwa durch Ermahnungen und Bestrafungen, durch Gespräche (eventuell auch mit den Eltern) und möglicherweise durch Anreize für positives Verhalten (zu Maßnahmen gegenüber Einzelnen s. auch Kapitel 3, S. 96 ff). Bislang ist allerdings wenig bekannt, wie wirksam solche Erziehungsversuche gegenüber den Tätern den Aggressionspegel in der Schule senken. Sie sind einerseits unverzichtbar, stoßen andererseits jedoch schnell an Grenzen. So können die Lehrkräfte die Angriffe oft nicht einmal wahrnehmen und somit auch nicht intervenieren, weil sie selbst am

Schauplatz nicht anwesend sind oder weil es sich um unauffällige Aggressionsformen handelt.

Im Übrigen ist eine tiefgreifende »Umerziehung« hoch aggressiver Kinder und Jugendlicher für die meisten Schulen ein zu hohes Ziel. Die Schule ist keine therapeutische Anstalt und kann nicht die Defizite des Elternhauses kompensieren. Zu erreichen ist aber ein besserer Opferschutz innerhalb der Schule. Dazu kann auch eine Verhaltensänderung auf Seiten des Opfers beitragen. Die individuelle Förderung seiner sozialen Kompetenz (positive Kontaktaufnahme, kooperatives Verhalten etc.) und die Verminderung seiner Ängstlichkeit sind spezifisch *opferbezogene* Strategien (Typ vier). Sie erfordern allerdings oftmals professionelle Hilfe. Rein opferzentrierte Strategien werden in der Schule wohl selten realisiert, eher schon als eine Komponente im Rahmen von Mehr-Ebenen-Konzepten.

Für solche *Mehr-Ebenen-Konzepte*, den fünften Strategietyp, liegen zurzeit die eindeutigsten Wirksamkeitsnachweise vor. Daher sollen sie hier ausführlicher beschrieben werden.

Maßnahmen auf drei Ebenen

Nach dem Vorbild des norwegischen Psychologen Dan Olweus wird bei diesen Konzepten die Prävention und Intervention gleichzeitig auf der Ebene der Schule, der Schulklasse und des Einzelnen betrieben. Innerhalb dieses Rahmens sind unterschiedliche Akzente möglich, doch in jedem Fall werden alle Mitglieder des »Systems Schule« einbezogen: das gesamte Kollegium, alle Schüler/innen und eventuell auch Eltern.

Was die Schüler/innen anbetrifft, so richtet sich das Programm meist nicht nur auf die Täter, sondern auch auf die Opfer und auf die Zuschauer (zu den drei Zielgruppen Täter, Opfer, Zeuge vgl. Knopf 1996). Die Projekte könnten dann unter das Motto gestellt werden: *Die Täter bremsen, die Opfer stärken, die Zuschauer aktivieren.* Der ausdrückliche Versuch, die direkt und die indirekt Beteiligten in das Gesamtprojekt einzubinden, macht den »kooperativen« Charakter aus. Das Ziel ist eine Veränderung der sozialen Interaktion in der Schule und nicht nur individuelle Erziehung!

AGGRESSIONSVERMINDERUNG AUF DREI EBENEN: SCHULE – SCHULKLASSE – INDIVIDUUM

Schulebene:
- Problembewusstsein schaffen (bei Lehrkräften, Eltern, Schüler/innen).
- Verbindliche Regeln (Angreifen verboten, Angegriffenen helfen, niemanden ausgrenzen).
- Schulhofgestaltung (Strukturierung in Zonen, Angebote für positive Aktivitäten).
- Bessere Aufsicht, Regelungen für kritische Situationen (z. B. Wartesituationen), u. a. m.

Klassenebene:
- Klassengespräche über Vorfälle und Verhaltensregeln.
- Anleitung der Zuschauer zur Hilfeleistung.
- Soziales Lernen im Unterricht.
- Kooperatives Lernen.

Individuelle Ebene:
- Akutes Stoppen aggressiver Handlungen.
- Gespräche mit Tätern, Opfern, Eltern.
- Rückendeckung und Schutz für Opfer, Anleitung zu selbstsicherem Verhalten.
- Anreize für positives Verhalten, negative Konsequenzen tragen lassen.

Die Tafel oben gibt einen Überblick über mögliche Maßnahmen auf den drei Ebenen. Dabei handelt es sich um eine Zusammenstellung aus unterschiedlichen Projekten in Norwegen, England und Deutschland. Es ist offenbar nicht notwendig, alles auf einmal zu realisieren. Denn obwohl die Projekte teilweise unterschiedliche Akzente setzten, wurden in den begleitenden Untersuchungen stets Anzeichen für eine Aggressionsverminderung gefunden (z. B. Olweus 1995, Smith & Sharp 1994, Hanewinkel & Knaack 1997, Nolting & Knopf 1997, Alsaker 2003).

Wichtiger als die einzelnen Komponenten ist offenbar, dass überhaupt *gemeinsam* gehandelt wird, dass es ein zusammenhängendes *Schul*projekt ist. Das ist etwas ganz anderes, als wenn einzelne Lehrkräfte einzelne schwierige Schüler/innen zu erziehen versuchen. Schulweite Projekte sind schon deshalb wichtig, weil, wie gesagt, die meisten Angriffe in den Pausen passieren, wo die Trennung in einzelne Klassen aufgehoben ist.

Im Folgenden werden nun die einzelnen Komponenten der Tafel näher erläutert.

Es ist klar, dass ohne hinreichendes *Problembewusstsein* keine Schule ein Projekt zur Aggressionsverminderung durchführen wird. Dieses Bewusstsein ist in den letzten Jahren offenbar gewachsen, das Thema »Gewalt in der Schule« ist »in«. Aber das heißt nicht, dass jedes Kollegium mit großer Mehrheit den Kampf gegen das Bullying und andere aggressive Handlungen zu seiner Sache macht. Zwar kennen alle Lehrkräfte aggressive Schüler/innen. Aber das Hauptproblem, das stille Leiden der Opfer, wird häufig nicht hinreichend erkannt oder nicht hinreichend ernst genommen (etwa mit der Haltung: »So was sollen die Schüler unter sich ausmachen«). Françoise Alsaker (2003) beginnt daher mit einer Sensibilisierungsphase, zu der auch die Reflexion über eigene Erinnerungen und Gefühle bezüglich Mobbing gehört.

Eine gute Wegweisung für alle erreicht man mit der Einführung von *klaren und einheitlichen Regeln*. Olweus schlägt drei Grundregeln vor, und zwar sinngemäß: (1) Wir greifen andere nicht an, (2) Wir helfen denen, die angegriffen werden, (3) Wir beziehen alle mit ein. Der Wortlaut der Regeln ist je nach Klassenstufe zu modifizieren. Während die erste Regel selbstverständlich erscheint, gilt das nicht für die anderen beiden. Die zweite ist wichtig, um die erste durchzusetzen, und die dritte ist zu ergänzen, weil es häufig die sozial randständigen und isolierten Kinder sind, die immer wieder angegriffen werden. Wohlgemerkt: Regeln reichen zur Gewaltprävention nicht aus, aber sie sind wichtig, um eine klare Orientierung zu geben. Auch ist es für die Lehrkräfte leichter einzugreifen, wenn sich alle auf dieselben Regeln berufen können, statt dass Kollege A auf denselben Vorfall ganz anders reagiert als Kollegin B.

Für die *Schulhofgestaltung* empfiehlt sich die Strukturierung in verschiedene Zonen (z. B. Basketball-Zone, Ruhezone, Gartenzone usw.), so dass unterschiedliche Aktivitäten, die miteinander kollidieren und Anlässe (bzw. Vorwände) für Attacken liefern könnten,»entzerrt« werden. Nützlich sind auch Spielangebote oder organisierte Pausenspiele. Sie können spontane Angriffe aus purer Langeweile vermindern helfen.

Kaum verwunderlich ist, dass verbesserte *Aufsicht* aggressives Verhalten bremst. Verbesserte Aufsicht bedeutet zum einem: mehr Lehrkräfte im Einsatz. Es kann aber auch bedeuten, besonderes Augenmerk auf typische Täter, auf typische Opfer und auf kritische Situationen zu legen.

Auf der Ebene der *Schulklasse* sollten regelmäßig *Gespräche* über aktuelle Vorfälle und die Bedeutung der Verhaltensregeln stattfinden. Bei konkreten Vorfällen sollte nicht nur das Verhalten der Täter, sondern auch das der Opfer und der Zuschauer zur Sprache kommen und alternatives Verhalten in künftigen Situationen erörtert werden. Ein typisches Problem ist die Rechtfertigung (oder besser: die Ausrede) vieler Angreifer, sie hätten sich »nur gewehrt«. Deshalb sollte der Unterschied zwischen einer echten Abwehr und Racheakten klargemacht werden: Abwehr zielt lediglich auf die *Beendigung* akuter Angriffe; nachträgliche Attacken dienen hingegen dem

»Heimzahlen« und sind Racheakte (Vergeltungsaggression). Weiterhin sind in den Klassengesprächen die Grundregeln je nach aktuellem Anlass auszulegen und zu konkretisieren. Die erste Regel »Wir greifen andere nicht an« kann ja z. B. auch bedeuten: Über falsche Antworten keine hämischen Bemerkungen machen, andere nicht mit ihrer Herkunft beleidigen (»Russensau«), anderen nichts wegnehmen, anderen nichts kaputt machen, u. a. m.

Weil Lehrkräfte häufig nicht am Ort des Geschehens sind, ist es wichtig, die *Mitwirkung vernünftiger Mitschüler/innen* zu suchen und sie in ihrer Rolle als Zuschauer und Unbeteiligte zu aktivieren. Die inzwischen populär gewordene Ausbildung von Streitschlichtern bzw. Mediatoren ist zweifellos ein sinnvoller Beitrag. Beim Bullying allerdings geht es, wie dargelegt, nicht wirklich um Streit, sondern um einseitige Schikane von Starken gegen Schwache. Hier ist eigentlich nichts zu schlichten, sondern zu verhindern! Die Art der *Hilfeleistung* wird am besten in der Klasse besprochen und im Rollenspiel geübt, damit die Schüler/innen nicht wie Sheriffs auftreten, sondern in möglichst unaggressiver Weise die Angreifer stoppen und behindern oder sich schützend vor Opfer stellen (nicht nur physisch, auch mit Worten), wobei sich nach Möglichkeit mehrere Helfer zusammentun. Wenn sie sich selbst einer Hilfeleistung nicht gewachsen fühlen, sollten die Schüler/innen Lehrkräfte herbeiholen. Dies widerspricht der informellen Schülerregel, dass man nicht »petzen« darf. Im Falle aggressiver Handlungen läuft diese Norm aber praktisch auf das Recht des Stärkeren hinaus und es macht die Schwachen vollends wehrlos, wenn weder sie noch die Zuschauer sich an die Erwachsenen wenden dürfen.

Noch weiter gehen die hilfreichen Aktivitäten der Mitschüler beim sog. No-Blame-Ansatz. Im Vordergrund steht die Frage: Was können wir tun, damit sich XY (ein häufiges Opfer) in unserer Klasse wohl fühlt? Hierfür wird eine Arbeitsgruppe gebildet, in die auch Bullies aufgenommen werden. Sie sollen auf diese Weise – also ohne Tadel und Strafen – in das gemeinsame prosoziale Handeln hineinzogen werden.

Darüber hinaus kann im Rahmen des Unterrichts das *soziale Lernen* in vielfältiger Hinsicht gefördert werden (Anregungen hierzu z. B. bei Petermann et al. 1999). Denkbar sind unter anderem Übungen zur Einfühlung in andere Personen, zum aktiven Zuhören, zum Ausdrücken von Gefühlen (z. B. Ärger als Ich-Botschaft mitzuteilen statt durch Angriff), zur Produktion von Lösungsideen für Konflikte oder auch zur geeigneten Gesprächsführung für eine neutrale Streitschlichtung. Auch Aggression und Gewalt als Unterrichtsthema kann soziales Verstehen fördern, sofern es nicht rein akademisch, sondern mit »Ich-Bezug« behandelt wird.

Einen indirekten Beitrag auf Klassenebene kann weiterhin die Unterrichtsform des *kooperativen Lernens* liefern. Denn die Arbeit in Kleingruppen kann gegenseitiges Helfen und positive Erfahrungen miteinander anbahnen und die Beziehungen in der Klasse verbessern helfen (Slavin 1995). Allerdings brauchen die Gruppen zunächst meist eine Anleitung und sie brauchen Aufgaben, die für Kooperation statt für Konkurrenz geeignet sind (vgl. S. 61).

Auf der *individuellen Ebene*, dem Umgang mit einzelnen Schüler/innen ist es wichtig, akute Angriffe in unaggressiver Form zu *stoppen* (z. B. durch Behinderung des Täters, durch Trennen von Streithähnen, durch deutliche Stoppsignale). Das Stoppen soll verhindern, dass Angriffe Erfolg haben; die unaggressive Form ist wichtig, damit die Lehrkraft nicht selbst ein falsches Modell bietet. Ergänzend kann es sinnvoll sein, sich nach dem Stoppen fürsorglich dem Opfer zuzuwenden (statt tadelnd dem Täter).

Nach dem akuten Geschehen sind *Einzelgespräche* selbstverständlich ein wichtiger Weg, besonders bei wiederkehrenden Vorfällen. Wie früher erläutert (vgl. S. 101 ff), sollten Gespräche *mit den Tätern* keine Standpauke sein. Wichtig sind vielmehr klare Botschaften, aber auch Einfühlung. Man kann deutlich machen, dass man aggressive *Empfindungen* als eine Realität akzeptiert (»hinnimmt«), nicht aber aggressives *Verhalten* (und gewöhnlich auch nicht die vorgebrachten Rechtfertigungen). Gut ist es überdies, wenn die Gespräche auf Lösungen für die Zukunft gerichtet sind und zu konkreten Vereinbarungen führen. In Gesprächen mit den Eltern von Tätern kann man versuchen, ihnen die eigene pädagogische Linie zu erläutern und ihre Unterstützung zu gewinnen. Leider sind aber manche Eltern unzugänglich oder gar selbst ein schlechtes Vorbild.

Gespräche mit den *Opfern* sollten vor allem zu deren *Schutz und Stärkung* dienen. Häufig angegriffene Kinder müssen die moralische Rückendeckung der Lehrkräfte spüren und auf ihre Hilfe vertrauen können. Weiterhin können auch stärkere Mitschüler für einzelne Opfer als »Schutzengel« mitwirken. Da das typische Opfer sozial unsicher und randständig ist, müsste es lernen, sicherer aufzutreten und positive Kontakte aufzubauen. Es ist nicht leicht, dies in der Schule gezielt zu fördern, aber man kann individuelle Vorschläge machen oder in der Klasse das Verhalten bei Angriffen in Rollenspielen einüben. Manche Schüler/innen könnten auch von einem sportlichen oder einem Selbstverteidigungstraining profitieren. Es ist klar, dass man bei alledem nach Möglichkeit die Unterstützung der Eltern suchen sollte. Weil die Opfer sich meist von den Tätern einschüchtern lassen und über ihre leidvollen Erfahrungen schweigen, wissen die Eltern darüber oft nicht Bescheid (so wie Lehrer/innen zunächst oft auch nicht). Aufklärung und anschließendes gemeinsames Vorgehen »der Erwachsenen« ist daher wichtig, selbst wenn das ängstliche Opfer lieber möchte, dass man »nichts tut« (vgl. Olweus 1995).

Anreize für positives Verhalten wurden im Zusammenhang mit Unterrichtsstörungen bereits ausführlich erörtert. Genauso gilt: Auch friedliches Verhalten muss sich lohnen, und die früher erwähnten Anreize und Bekräftigungen (s. S. 96 ff) können auch hier zur Geltung kommen, vielleicht gelegentlich erweitert um Urkunden oder auch kleine materielle Belohnungen für friedliches Verhalten oder für Hilfeleistungen. Antisoziales Verhalten andererseits sollte nicht nur akut gestoppt werden, sondern in Einzelfällen auch darüber hinaus nicht folgenlos bleiben. Als Folgen kommen unter anderem der Verlust von Gutpunkten, vor allem aber »natürliche« Konsequenzen in Frage: Wer Eigentum anderer kaputt macht, muss den Schaden ersetzen; wer andere auf dem Heimweg verprügelt, kann erst zehn Minuten später nach Hause gehen usw.

So viel zu einzelnen Komponenten des Gesamtkonzeptes. Wenn sich ein *Schul*projekt nicht realisieren lässt, weil es dafür im Kollegium zu wenig Resonanz gibt, kann man sich auf die Ebenen »Klasse« und »Individuum« beschränken. Für die Klassenebene kommt dabei auch die kooperative Vorgehensweise nach Redlich & Schley in Frage, einschließlich der vorgeschalteten gemeinsamen Diagnose (s. S. 125). Das gilt vor allem bei Feindseligkeiten zwischen Gruppen innerhalb der Klasse. Aber auch wenn sich einzelne Täter hervorheben, ist, wie erläutert, die Mitwirkung der übrigen Klasse gewöhnlich unerlässlich.

Welche Erfolge bei der Aggressionsverminderung in der Schule tatsächlich erreicht werden und wie dauerhaft sie sind, hängt anscheinend weniger von bestimmten Programm-Komponenten als vom gemeinschaftlichen Handeln ab. Eine Rolle spielt zudem auf der Schülerseite das Alter, auf der Lehrerseite das Engagement (vgl. Pepler, Smith & Rigby 2004 mit einem Resümee aus zahlreichen Studien). So versprechen Programme mit Kindern unter acht Jahren (Vorschule, Grundschule) gewöhnlich mehr Erfolg als Programme mit älteren Kindern oder Jugendlichen. Und ganz entscheidend ist in jedem Fall, in welchem Maße und wie beständig die Intervention von den Lehrkräften mitgetragen wird. Erlahmt das Engagement, steigen die aggressiven und gewalttätigen Handlungen wieder an. Prävention ist hier nicht über eine kurze »pädagogische Impfung« möglich, sondern muss so fest zur schulischen Alltagsarbeit gehören wie der Unterricht und der Umgang mit Disziplinproblemen.

Literatur

Achtzehn Autoren (2000). *Die Kooperative Methode im Unterricht. 14 Fallbeispiele zur Lösung von Konflikten und zur Verbesserung der Kommunikation und Kooperation in Schulklassen.* Materialien aus der Arbeitsgruppe Beratung und Training, herausgegeben von Alexander Redlich. Fachbereich Psychologie der Universität Hamburg.

Alsaker, F. (2003). *Quälgeister und ihre Opfer. Mobbing unter Kinder und wie man damit umgeht.* Bern: Huber.

Becker, G. E. (1983). *Lehrer lösen Konflikte. Ein Studien- und Übungsbuch.* Weinheim: Beltz. (Beltz Taschenbuch 2000)

Becker, G. E. (2006). *Lehrer lösen Konflikte. Handlungshilfen für den Schulalltag* (vollst. überarb. Neuausg.). Weinheim: Beltz.

Bromme, R. & Rheinberg, F. (2006). Lehrende in Schulen. In A. Krapp & B. Weidenmann (Hg.), *Pädagogische Psychologie* (5., vollst. überarb. Aufl.) (S. 296–334). Weinheim: Beltz PVU.

Brophy, J. E. & Good, T. L. (1986). Teacher behavior and student achievement. In M. C. Wittrock (Ed.), *Handbook of research on teaching* (3rd ed.). New York: MacMillan.

Bründel, H. & Simon, E. (2003). *Die Trainingsraum-Methode. Umgang mit Unterrichtsstörungen: Klare Regeln, klare Konsequenzen.* Weinheim: Beltz.

Doyle, W. (1986). Classroom organization and management. In M. C. Wittrock (Ed.), *Handbook of research on teaching* (3rd edition) (pp. 392–431). New York: Macmillan.

Edelmann, W. (2000). *Lernpsychologie* (6., vollst. überarb. Aufl.). Weinheim: Beltz PVU.

Evertson, C. M., Emmer, E. T. & Worsham, M. E. (2000). *Classroom management for elementary teachers* (5th ed.). Boston: Allyn and Bacon.

Frey-Eiling, A. & Frey, K. (2002). Gruppenpuzzle. In J. Wiechmann (Hg.), *Zwölf Unterrichtsmethoden* (3. Aufl.) (S. 50–57). Weinheim: Beltz.

Grell, J. (1980). *Techniken des Lehrerverhaltens* (10. Aufl.). Weinheim: Beltz. (Beltz Taschenbuch 2001)

Good, T. L. & Brophy, J. E. (1997). *Looking in Classrooms*. New York: Addison Wesley.

Gordon, T. (1977). *Lehrer-Schüler-Konferenz. Wie man Konflikte in der Schule löst.* Hamburg: Hoffmann & Campe (Heyne TB 1989).

Hanewinkel, R. & Knaack, R. (1997). *Mobbing: Gewaltprävention in Schulen in Schleswig-Holstein.* Kronshagen: Landesinstitut Schleswig-Holstein für Praxis und Theorie der Schule.

Hasselhorn, M. & Gold, A. (2006). *Pädagogische Psychologie. Erfolgreiches Lernen und Lehren.* Stuttgart: Kohlhammer.

Helmke, A. (2003). *Unterrichtsqualität erfassen, bewerten, verbessern.* Seelze: Kallmeyer.

Helmke, A. (2006). *Unterrichtqualität und Unterrichtseffekte: Ergebnisse, Sackgassen und Perspektiven der internationalen Unterrichtsforschung.* Vortrag an der Universität Göttingen am 5. Sept. 2006.

Helmke, A. & Renkl, A. (1993). Unaufmerksamkeit in Grundschulklassen: Problem der Klasse oder des Lehrers? *Zeitschrift für Entwicklungspsychologie und Pädagogische Psychologie, 25,* 185–205.

Helmke, A. & Weinert, F. E. (1997). Bedingungsfaktoren schulischer Leistungen. In F. E. (Hg.), *Psychologie des Unterrichts und der Schule* (S. 71–176). (Enzyklopädie der Psychologie, Pädagogische Psychologie, Band 3). Göttingen: Hogrefe.

Humpert, W & Dann, H. D. (2001) *KTM kompakt. Basistraining zur Störungsreduktion und Gewaltprävention für pädagogische und helfende Berufe auf der Grundlage des »Konstanzer Trainingsmodells«.* Bern: Huber

Knopf, H. (Hg.) (1996). *Aggressives Verhalten und Gewalt in der Schule.* München: Oldenbourg.

Ksienzyk, B. & Schaarschmidt, U. (2004). Beanspruchung und schulische Arbeitsbedingungen. In U. Schaarschmidt (Hg.), *Halbtagsjobber? Psychische Gesundheit im Lehrerberuf – Analyse eines veränderungsbedürftigen Zustandes* (S. 77–87). Weinheim: Beltz.

Kounin, J. S. (1976). *Techniken der Klassenführung.* Stuttgart: Klett. (Original 1970: Discipline and group management in classrooms).

Krumm, V. & Weiß, S. (2000). Ungerechte Lehrer. Zu einem Defizit in der Forschung über Gewalt an Schulen. *psychosozial, 23,* 57–73

Langer, I., Schulz von Thun, F. & Tausch, R. (2002). *Sich verständlich ausdrücken* (7., überarb. u. erw. Aufl.). München: Reinhardt.

McPhillimy, B. (1996). *Controlling your class*. New York: Wiley.

Nolting, H. P. (2005). *Lernfall Aggression – Wie sie entsteht, wie sie zu vermindern ist. Eine Einführung* (vollst. überarb. Neuausg.). Reinbek: Rowohlt.

Nolting, H. P. & Knopf, H. (1997). Gewaltverminderung in der Schule: Erprobung einer kooperativen Intervention. *Praxis der Kinderpsychologie und Kinderpsychiatrie,* 46, 195–205.

Nolting, H. P. & Knopf, H. (1998). Gewaltverminderung in der Schule: Viele Vorschläge – wenig Studien. *Psychologie in Erziehung und Unterricht,* 45, 349–360.

Olweus, D. (1995). *Gewalt in der Schule*. Bern: Huber.

Pepler, D., Smith, P. K. & Rigby, K. (2004). Looking back and looking forward: implications for making interventions work effectively. In P. K. Smith, D. Pepler & K. Rigby (Eds.), *Bullying in schools. How successful can interventions be?* (pp. 307–324). Cambridge: University Press.

Petermann, F., Jugert, G., Rehder, A., Tänzer, U. & Verbeek, D. (1999). *Sozialtraining in der Schule* (2., überarb. Aufl.). Weinheim: Beltz PVU.

Redlich, A. & Schley, W. (1981). *Kooperative Verhaltensmodifikation im Unterricht*. München: Urban & Schwarzenberg.

Renkl, A. & Beisiegel, S. (2003). *Lernen in Gruppen: Ein Minihandbuch*. Landau: Verlag Empirische Pädagogik.

Rheinberg, F. & Hoss, J. (1979). Störungen und Mitarbeit im Unterricht. Eine Erkundungsstudie zu Kounins Kategorisierung des Lehrerverhaltens. *Zeitschrift für Entwicklungspsychologie und Pädagogische Psychologie,* 11, 244–249.

Rheinberg, F. & Krug, S. (1999). *Motivationsförderung im Schulalltag* (2., überarb. u. erw. Aufl.). Göttingen: Hogrefe.

Rosenbusch, H. S. (1995). Nonverbale Kommunikation im Unterricht – Die stille Sprache im Klassenzimmer. In H. S. Rosenbusch & O. Schober (Hg.), *Körpersprache in der schulischen Erziehung* (2., vollst. überarb. u. erw. Aufl.). Hohengehren: Schneider.

Ross, L. & Nisbett, R. R. (1991). *The person and the situation*. New York: McGraw-Hill.

Rost, D. H. (1982). Pädagogische Verhaltensmodifikation in der (Grund-)Schule. In D. H. Rost (Hg.), *Erziehungspsychologie für die Grundschule* (S. 165–246). Bad Heilbronn: Klinkhardt.

Rutter, M., Maughan, B., Mortimer, P. & Ouston, J. (1980). *Fünfzehntau-*

send Stunden. Schulen und ihre Wirkung auf die Kinder. Weinheim: Beltz.

Schäfer, M. (1996). Aggression unter Schülern. Eine Bestandsaufnahme über das Schikanieren in der Schule am Beispiel der 6. und 8. Klassenstufe. *Report Psychologie,* 21, 700–711.

Schäfer, M. & Korn, S. (2004). Bullying als Gruppenphänomen: Eine Adaptation des »Participant Role«-Ansatzes. *Zeitschrift für Entwicklungspsychologie und Pädagogische Psychologie,* 36, 19–29.

Scheithauer, H., Hayer, T. & Petermann, F. (2003). *Bullying unter Schülern.* Göttingen: Hogrefe.

Schulz von Thun, F. (1981). *Miteinander reden: Störungen und Klärungen. Psychologie der zwischenmenschlichen Kommunikation.* Reinbek. Rowohlt.

Schwäbisch, L. & Siems, M. (1974). *Anleitung zum sozialen Lernen für Paare, Gruppen und Erzieher.* Reinbek: Rowohlt.

Slavin, R. S. (1995). *Cooperative learning. Theory, research, and practice.* Boston: Allyn & Bacon.

Smith, P. & Sharp, S. (Eds.). (1994). *School bullying: Insights and perspectives.* London: Routledge.

Tausch, R. & Tausch, A. M. (1991). *Erziehungspsychologie* (10., erg. Aufl.). Göttingen: Hogrefe.

Tennstädt, K. C., Krause, F., Humpert, W. & Dann, H. D. (1990). *Das Konstanzer Trainingsmodell (KTM). Neue Wege im Schulalltag: Ein Selbsthilfeprogramm für zeitgemäßes Unterrichten und Erziehen. Band 1: Trainingshandbuch* (2. korr. u. erw. Aufl.). Bern: Huber.

Tennstädt, K. C. (1991). *Das Konstanzer Trainingsmodell (KTM). Band 2: Theoretische Grundlagen, Beschreibung der Trainingsinhalte und erste empirische Überprüfung.* Bern: Huber.

Tücke, M. (2005). *Psychologie in der Schule – Psychologie für die Schule* (4. Aufl.). Münster: LIT Verlag.

Ulich, K. (1996). *Beruf: Lehrer/in. Arbeitsbelastungen, Beziehungskonflikte, Zufriedenheit.* Weinheim: Beltz.

Wang, M. C., Haertel, G. D. & Walberg, H. J. (1993). Toward a knowledge base for school learning. *Review of Educational Research,* 63, 249–294.

Weinert, F. E. & Helmke, A. (1996). Der gute Lehrer: Person, Funktion oder Fiktion? In A. Leschinsky (Hrsg.), *Die Institutionalisierung von Lehren und Lernen* (S. 223–233). Weinheim: Beltz.

Wahl, D. (1982). *Beeinträchtigte soziale Beziehungen: Lehrer-Schüler-Beziehungen.* (Fernsehkolleg Lehrerprobleme – Schülerprobleme). Tübingen: Deutsches Institut für Fernstudien an der Universität Tübingen.

Wahl, D., Weinert, F. E. & Huber, G. L. (1984). *Psychologie für die Schulpraxis.* München: Kösel.

Winkel, R. (1996). *Der gestörte Unterricht. Diagnostische und therapeutische Möglichkeiten* (6., abermals überarb. Aufl.). Bochum: Kamp.

Personenregister

Alsaker, F.   150
Becker, G. E.   81 f, 85 f, 114
Beisiegel, S.   62
Bromme, R.   21
Brophy, J. E.   15, 39, 41, 48, 60, 63, 71
Bründel, H.   103 f, 106
Dann, H. D.   38
Doyle, W.   39, 45, 69
Edelmann, W.   98
Emmer, E. T.   39, 48, 97
Evertson, C. M.   39, 45, 48, 62, 97
Ford, E. E.   103
Frey, K.   62
Frey-Eiling, A.   62
Gold, A.   61
Good, T. L.   15, 39, 41, 48, 60, 63, 71
Gordon, T.   80, 119–121, 123–125
Grell, J.   58
Hanewinkel, R.   150
Hasselhorn, M.   61
Hayer, T.   145
Helmke, A.   15, 19, 38, 41, 57, 76
Hoss, J.   37, 41, 58
Huber, G. L.   47, 49, 50, 73, 101, 113 f, 116
Humpert, W.   38
Knaack, R.   150
Knopf, H.   147–148, 150

Korn, S.   145
Kounin, J.   11, 28–30, 33–42, 53, 58, 65, 67, 70, 74, 78
Krug, S.   64
Krumm, V.   15
Ksienzyk, B.   15
Langer, I.   60
McPhillimy, B.   21, 47 f, 92, 94
Nisbett, R. R.   18
Nolting, H. P.   145, 147, 150
Olweus, D.   145, 148, 150, 154
Petermann, F.   145, 153
Redlich, A.   11, 124, 126, 130, 136 f, 141 f, 155
Renkl, A.   19, 38, 41, 62
Rheinberg, F.   21, 37, 41, 58, 64
Rosenbusch, H. S.   55
Ross, L.   18
Rutter, M.   19, 66
Schaarschmidt, U.   15
Schäfer, M.   145
Scheithauer, H.   145, 147
Schley, W.   11, 124, 126, 130, 136 f, 141 f, 155
Schulz von Thun, F.   60, 121
Schwäbisch, L.   124
Sharp, S.   145, 150
Siems, M.   124
Simon, E.   103 f, 106
Slavin, R. S.   61 f, 153

Smith, P. 145, 150, 155
Tausch, A. M. 80
Tausch, R. 60, 80
Tennstädt, K. C. 38 f
Tücke, M. 45, 90
Ulich, K. 15
Wahl, D. 47, 49 f, 73 f, 101 f,
  113 f, 116

Wang, M. C. 15
Weiß,S. 15
Weinert, F. E. 15, 47, 49 f, 73, 76,
  101, 113 f, 116
Winkel, R. 18
Worsham, M. E. 39, 97

Sachregister

Aggression 15, 144–156
Aktivierung, breite 35 f, 43, 52–65
Allgegenwärtigkeit 33 f, 38
Anreiz 90–100, 107, 132, 136, 140, 142 f, 149, 154 f
Aufrufen 36, 57 f, 131, 142
Autorität 40 f
Befragung 111, 115–117, 125, 128–130, 136, 138, 142
Begrenzen 73–75
Bekräftigung 73–75, 97, 112
Belastung 15
Belohnung 63, 90–100, 107, 136, 140, 142, 155
Beobachtung 111–113, 127, 132, 143
Bestrafung 20, 32, 91, 93, 95, 100, 154
Beteiligung (am Unterricht) 111 f, 126–135, 141 f
Bezugsnorm 64
Blickkontakt 34, 57, 70–72, 75
Bullying 145–156
Diagnose 108–117, 124 f, 139, 141, 143, 155
Disziplin (Begriff) 12, 23, 25 f, 41 f, 44
Einfühlung 80, 102
Eltern 99 f, 107

Ermahnung 30–32, 68, 70, 78 f
Fragebogen 38, 114, 117, 128 f, 136, 138 f, 141, 143
Frageverhalten 56–59, 65
Freundlichkeit 42, 72–74
Gespräch 101–107, 115 f, 119–124, 151, 153 f
Gruppenarbeit 34, 46, 61 f, 65, 67
Gruppenfokus 35 f, 53
Gruppenmobilisierung 35 f, 38
Hausaufgaben 91, 137–140
Ich-Botschaft 80, 83, 102, 120 f, 123, 125, 153
Interaktion 108, 110 f, 149
Interessantheit 21, 55
Klassengröße 19, 41
Klassenklima 42, 58, 79, 93, 95
Klassenraumgestaltung 50
Konflikt (Begriff) 14, 16
Konfliktintervention, kooperativ 48, 91, 118–156
Konfliktintervention, lehrerzentriert 77–117
Konstanzer Trainingsmodell 38
Leistungskontrolle 35 f, 60, 62
Lernen, kooperatives 61 f, 149, 153
  siehe auch Gruppenarbeit
Lernen, soziales 147, 149, 153

Lob 63 f, 92

Mobbing 14, 145–156

Motivierung 36 f, 52, 54

Nonverbales Verhalten 23, 42, 55 f, 71 f, 75

Perspektivenwechsel 82 f, 114 f

Präsenz 33, 43, 52, 70–75, 79

Problembeschreibung 109–111

Provokation 86, 114, 145

Reaktion (auf Störungen) 27, 30–32, 68 f, 74, 78–80

Rechenschaftsprinzip 36

Regel 13, 27, 39, 43–51, 74, 79, 88–90, 93, 95, 132 f, 149–151

Reibungslosigkeit 34 f, 65

Reporterspiel 116

Rückmeldung 62–65

Selbstbeobachtung 23, 132 f, 136, 142

Selbstreflexion 23, 103, 113 f

Selbststeuerung 52, 136

Stillarbeit 33, 37, 59 f, 67

Stimme 55, 71

Stoppsignal 43, 70–75

Störung (Arten) 12–14

Störung (Definition) 13 f, 68

Strafe, siehe Bestrafung

Theorien, subjektive 25, 28, 54

Trainingsraum-Methode 103–107

Überdrussvermeidung 36 f, 53

Überlappung 33 f, 68, 72

Umfrage (Lehrkräfte) 26–28, 44, 54, 65, 70

Unterrichtserfolg 15, 106

Unterrichtsfluss 34, 43, 51, 65–70, 72, 106

Verhaltensmodifikation 90, 96, 124

Verhaltensstörung 18, 22, 78

Verständlichkeit 60

Vertrag 45, 123, 132–134, 140, 143

Wandzeitung 116

Wellen-Effekt 29–31

Zuhören, aktives 80, 102, 115, 120 f

Zurechtweisung, siehe Ermahnung

Klaus Hurrelmann Heidrun Bründel

GEWALT AN SCHULEN

Pädagogische Antworten
auf eine soziale Krise

BELTZ
Taschenbuch

Wirksame Präventions- strategien

**Das Thema »Gewalt an Schulen« be-
schäftigt seit vielen Jahren die öf-
fentliche Diskussion, und die Mas-
senmedien erwecken den Eindruck,
als nähmen Gewalt und Aggressio-
nen in unseren Schulen ständig zu.**

Was aber hat sich wirklich verändert, und wie ist diesen Veränderungen zu begegnen? Tatsache ist: Immer mehr Schülerinnen und Schüler »importieren« unkontrollierte Aggressionsimpulse in den schulischen Raum.

Andererseits erweist sich die Schule aber auch als eine besonders geeignete Institution für die Gewaltprävention. Und so werden neben einer kritischen Bestandsaufnahme, wo die Gewalt herkommt und wie ihr in der Schule sofort begegnet werden kann, in diesem Buch eine Vielzahl präventiver Ansätze vorgestellt, vom gezielten Aufbau sozialer Kompetenz über die Stärkung von Eigenverantwortung von Schülerinnen und Schülern bis hin zu Möglichkeiten der Zusammenarbeit von Schule und Elternschaft.

Klaus Hurrelmann/Heidrun Bründel
Gewalt an Schulen
Pädagogische Antworten auf eine soziale Krise
broschiert, 224 Seiten
ISBN 978-3-407-22184-1

BELTZ

Kompetent Konflikte regeln

Dieses bewährte Studien- und Übungsbuch hilft Lehrerinnen und Lehrern ihre Konfliktfähigkeit zu erhöhen und ihre Konfliktlösungskompetenz in der Schule zu verbessern.

Jede Lehrerin, jeder Lehrer steht täglich vor der Aufgabe, Konflikte zu regeln und zu bewältigen. Das Spektrum möglicher Konfliktsituationen reicht von Schulmüdigkeit, Verhaltensproblemen, Disziplinkonflikten und Vandalismus über mangelnde Integration und kulturelle Unterschiede bis zu aggressivem und gewalttätigem Verhalten unter Schülern und gegen Lehrer. Das hier vorgestellte Zehn-Schritt-Verfahren ermöglicht es, Konflikte richtig einzuschätzen, zielgerichtet und rational zu benennen, zu analysieren und angemessen zu bearbeiten – immer unter Einbeziehung der emotionalen Betroffenheit aller Beteiligten. Das Buch schult damit prophylaktische Kompetenz, analytische Kompetenz und Interventionskompetenz gleichermaßen. Ein unverzichtbares Grundlagenwerk, mit ausführlichen Fallbeispielen und Übungsunterlagen für die Umsetzung in der Praxis.

Georg E. Becker
Lehrer lösen Konflikte
Handlungshilfen für den Schulalltag
broschiert, 372 Seiten
ISBN 978-3-407-22178-0

BELTZ